轻松带班

21招化解
班主任工作难题

厉广海　钟杰 —— 著

湖南人民出版社·长沙

目　录

第一章

如何理解班主任
这个角色

如何明确班主任的角色与定位

但凡做过班主任的老师，大多都有这样的烦恼：学校事务又多又杂，日常工作又累又烦，老师又忙又没有成就感！为什么班主任工作让绝大多数老师心生抗拒呢？

主要原因在于班主任的角色不明、定位不准、边界不清。那么，班主任究竟该如何对自己的角色进行准确定位呢？

一、班主任是学校办学理念的落实者

从学校办学角度来讲，班主任是学校办学理念的落实者。办学理念是校长在国家教育方针的指导下，基于"办什么样的学校"和"怎样办好学校"这两个问题进行深层思考后的智慧结晶。从某种意义上说，办学理念就是学校生存理由、生存动力、生存期望的有机构成部分。它是学校教育的顶层设计，是学校发展的方向，也是教师个人发展的依据。

办一所好学校，只有与时俱进的办学理念是远远不够的，还必须要有一支能深刻理解办学理念，并将理念落实到具体的教育教学中去的教师队伍。班主任就是这支队伍中最重要的落实者。

就我而言，每次在接手新班级之前，我都会根据学校的办学理念来敲定我的带班理念。我所在的学校的办学理念是：帮助每一个学生成为更好的自己！

（一）要吃透学校的办学理念

吃透学校的办学理念有两条路径：一是听校长解读学校的办学理念。二是思考校长为何会提出这样的办学理念，他想要表达什么呢？结合校长的解读以及我自己的思考，我就能用自己的语言描绘我所在学校的办学理念：走平民路线，不放弃任何一个学生，帮助学生成为更好的自己。这个办学理念遵循了"以人为本"的教育理念，与我对教育的理解相契合，我非常认同。

（二）要在学校办学理念的指导之下打造自己的带班理念

我所在的学校旨在，不放弃任何一个学生，要找到学生的长处，帮助学生扬长避短，进而成为更好的自己。那么，我在育人的过程中，需要做哪些事情助力学生的成长呢？我要为学生未来的发展做哪些铺垫呢？

像这样不断地进行自我追问，慢慢地，我就形成了我的带班理念：打造一个让老师和学生一生都充满光明的班级！既然我想让所有老师和学生一生都充满光明，那么哪些事可为，哪些事不可为，我都要深思熟虑，然后逐一去践行。

总之，不管多么先进的办学理念，如果老师们，尤其是班主任不去落实的话，都会变成一纸空文。

二、班主任是执行者

从学校管理层面来说，领导者希望班主任是一个执行者。事实上，班主任此时最合适的角色确实应该是执行者。

执行者，简单来说，就是干活的人；详细而言，就是能聪明地干活，并把学校安排的各项任务圆满完成的人。既然要干活，那就得弄清楚学校有哪些活需要班主任干。

（一）教学处安排的活

教学处是学校管理的核心机构，给班主任派的活的确很多、很烦琐。比如，班主任需要上学籍网核对学生的信息，上传学生的成绩和评语。班主任在学生毕业前夕要传达和解释各种报考信息，等学生报考时还要指导他们填报志愿。小学生毕业时，班主任即使不指导他们报考，也要告知学生和家长就近有哪些中学，学校校风如何、师资配备怎样，然后根据学生的具体情况，帮助他们选择合适的初中学校。

教学处每学期还要组织月考以及期中、期末考试。每一次考试前都要进行教室的布置，这个活一定是班主任带着学生去完成的。

教务处很多事务都要班主任来落实，大到关于考试事务的安排，小到一张课表的张贴。有些班主任会抱怨说，干吗不安排一个教务专干，班主任把教学处所有的杂活都干了，还能专心地教书育人吗？

这话说得有理，但不能解决问题。先不说人事安排的个中难处，就算学校有富余人员，你让他们进到各班去布置教室，张贴课表，告知学生作息时间；然后上学籍网审核资料，上传成绩，甚至还让他们给学生写评语。你不觉得自己的工作边界被他人侵犯了吗？既然选择当了班主任，又不想干活，那还当个什么劲呢？

有人问我，教学处安排的任务我都会去落实吗？我回答说，让我做有碍于学生成长的事，我肯定会拒绝，但让我做助力学生成长的事，我会认为那就是我的分内事。哪怕事情再多，我也会加班加点做完。其实，以我的经验来看，班主任只要巧干，提高做事效率，就能轻松完成教学处安排的活。

（二）德育处安排的活

德育处作为班主任的直接管理部门，通常会给班主任派哪些活？

学生的仪容仪表，班主任得按照学校的检查标准提前进行检查以及要求整改。

学生良好的行为和学习习惯，班主任得利用班会课或其他时间进行培养。

学生在升旗仪式上的出勤、着装、站姿，都属于班主任的管理范畴。

学生参加集会时进出场的队列，开会时的纪律，也都由班主任负责。

总之，在那些评"文明班""卫生班"的要求中提到的条条款款，都是班主任的活。只有"干"，才能"活"！一个不想评"文明班"和"卫生班"的班主任，就是一个没有把学生的成长需求放在心上，也忽略了自己的角色和作用的班主任。

（三）安全办安排的活

校园安全重于泰山！安全办绝不是一个虚设的部门，这个部门也会给班主任派很多活。比如，班主任要上安全教育平台授课，并督促学生完成安全作业。很多班主任都认为安全教育平台上的作业很烦琐。其实，这里面有傻干跟巧干的区别。如果班主任把家委会利用好，这个任务是可以分配给家长的。这个时候就要充分发挥家校合作的优势。

除了安全教育平台上的作业，还有诸如禁毒知识竞赛、普法知识竞赛、消防演练、防震演练等活动，这些都要班主任组织学生完成。

有人说，应对这些琐碎之事，哪需要什么班主任专业知识啊？任谁都可以做好这些事，为何还要班主任来做呢？说这话的人，肯定对班主任工作一知半解。班主任不仅是执行者，还是教育者啊！班主任如果不与学生一起做事情，又怎么去教育他们呢？只有与学生一起做事，班主任才能捕捉到教育契机，对学生进行恰到好处的现场教育。

（四）总务处安排的活

总务处在学校像是一个存在感特别低的部门，它能有什么任务派发给班主任呢？自然是有的。

教室里所有的公共财物，就是由总务处统筹管理的。很多学校的总务处还会派生出两个小部门，比如资产管理室和维修部。

班主任要管理好教室里的财物，对于损毁的公物还要及时报修。班主任如果对此没有明确的定位，就会忽略教室里的一切，认为这些琐事不应该由自己管。事实上，教室里的每一样东西，都是班主任管理的对象。只是，巧干的班主任都知道把管理权授予学生，让学生参与管理，从而使自己从烦琐的事务性工作中解放出来。傻干的班主任则大小事都亲力亲为，当他们又累又烦时，就很容易产生各种抱怨，久而久之也就特别厌烦班主任的工作。

（五）团委安排的活

团委喜欢干的事就是策划各类有助于学生成长的活动，比如培养学生财商与爱心的义卖活动，培养学生动手能力的美食汇活动，培养学生爱国爱党情怀的团队活动等。

在中学阶段，团委要组织学生上团课，号召学生写入团申请书。这属于学生的精神成长活动，班主任无论如何都要参与到学生的成长过程中去。此外，团委还会策划成人仪式活动以及高考前的喊楼活动等。

这一系列的活动虽然组织起来耗时费神，但都深受学生喜欢，并且有助于学生成长。即使班主任怕麻烦，也要组织学生参与。

（六）体艺处安排的活

体艺处组织的大型活动无非是一年一度的运动会和艺术

节。有些学校针对自身的办学特色，举办的活动远不止运动会与艺术节。但无论有多少个活动，班主任都必须是活动的策划者和组织者。成熟又专业的班主任，会在班里培养优秀的宣传委员以协助班主任策划、组织、实施学校的各项活动。

有时，还有一些突然而至的任务，会打乱我们所有的计划。比如，半夜级长发来信息，要班主任让家长扫描二维码填写各类调查信息。校医又发来信息，让班主任统计学生及18岁以上家庭成员打新冠疫苗的情况。周末时，德育干事发个链接，让班主任转发到家长群，并动员家长点开链接学习家庭教育的相关知识。

作为干活人，这些都是我们不可推拒的事情。我在班主任工作领域深耕多年，出书近20本，获奖无数，每天也在干这些琐碎的活，并且还干得有滋有味。为何？皆因我认清了自己的角色，找到了恰当的定位。

作为执行者，班主任最重要的事就是提升自己的执行力。但凡是学校安排的有利于学生成长的任务，都要不折不扣地去执行。如有不服，请提出建设性的建议；如有偏差，请变通实施。

三、班主任是教育者

从学生成长这个角度来说，班主任的角色是教育者，本质是教书育人。也就是说，班主任在提高学生成绩的同时，还要帮助学生获得精神上的成长。

班主任作为学科教师时，可以把自己定位为教练，立足选拔系统，传授学生知识，训练学生考试技能，帮助学生获得优异的成绩。

从教练这个角色抽离出来后，班主任就应该是育人的导师。那么，班主任具体从哪些方面开展育人工作呢？

（一）习惯的培养

习惯的力量非常强大。如果老师不在学生的习惯固化前进行干预，那么，学生一旦养成坏习惯，就很难改掉了。因此，好习惯的养成尤为重要。班主任具体从哪些方面来帮助学生养成良好的习惯呢？

第一，课堂好习惯的养成。

课堂是教学与德育的主阵地，这块阵地决不能失守。

1. 预备铃响：进教室，回座位，闭小嘴，拿书本。

2. 正式上课前：呼起立，互问好，齐坐下，静心听。

3. 正式上课中：要发言，举小手，大声讲，认真听，答得好，齐鼓掌。

4. 老师提问：师提问，必作答，我懂了，我不懂，声洪亮，说清楚。

5. 做课堂作业时：拿出笔，亲动手，快快做，不下位，不吵闹。

6. 课堂素养：受责罚，甘心受，旁观者，不起哄。紧闭嘴，不扰人。给掌声，鼓励人。

第二，课间好习惯的养成。

学生天性好玩，课间喜欢打闹、嬉戏，稍有不慎，容易产生人际矛盾，造成安全事故。因此，课间好习惯的养成非常重要。

1. 下课后一定要提醒学生去上厕所。

2. 不跳楼梯，不从高处往下跳，不爬栏杆，不滑扶手，不做有危险的活动。

3. 学生在课间如果要开展游戏活动，一定要到学校操场中去，不可以在走廊拥挤，在楼梯口拥堵。

4. 可以喝水，喝牛奶，吃蛋糕，但不可以吃辣条，喝可乐，也不可以吃色素含量高的零食。

第三，集会活动好习惯的养成。

集会的时候会展示班级风貌，加上集会多半在户外举行，如果不对学生的言行加以约束的话，学生就很容易制造混乱，班主任也会因此受到牵连。

1. 排好队，静悄悄鱼贯而出，不出列，不叽喳，不推搡，不插队。

2. 到指定地点坐好或者站好。坐姿端正，不驼背，不跷二郎腿，双手轻松搭在腿上。站姿挺拔，两脚与肩同宽，抬头挺胸，两眼平视前方。

3. 集会时，闭紧小嘴，认真听讲，不说话，不张望，不引人注意。

4. 穿戴整齐，符合学生身份。

第四，学习好习惯的养成。

学习是学生的主业，一般有良好学习习惯的学生，成绩都不错。相反，那些学习习惯比较差的学生，不论以前的基础多么好，慢慢地就掉队了。

1. 要学会用笔在书上做不同的标记，如在重点内容文字下面标"〰〰"，在有疑难的文字下面画"＿＿＿"，并在旁边写上"？"，以便在老师讲课时自己多留心。

2. 课前做好准备，自觉检查课本、课堂笔记本、课堂练习本等必需的物品是否都准备齐全。

3. 课堂上精力集中，专心听讲，积极思考，全身心地投入学习，听不懂老师的讲解时，要适时举手发问。

4. 要注意做好课堂笔记。课堂笔记不照抄老师的板书，重点记录自己弄不懂的问题，老师讲的重点，同学的好观点、好方法等，便于自己以后复习使用。

5. 要注意积累资料。整理和保存好自己的作业本、试卷、笔记本、纠错本等资料，并时常翻阅、随时复习。

6. 独立、认真、按时完成老师布置的各类作业，不抄袭别人的作业。

7. 写作业时要专心，不边玩边写，不边吃边写，想好再下笔。

8. 写完作业后必须认真仔细地检查，能检验答案并找出错误及错误的原因，及时纠正。当作业本、练习本、试卷等下发后，一定要查看老师的批改，老师指出的错误要及时纠正，不放过一个错字和错题。

（二）价值观的引导

价值观为我们一系列的行为模式提供了判断与选择的标准。一个班级的班风好坏，除了看班主任是否严抓日常习惯，还要看班主任是否在平时对学生进行价值观的引导。作为班主任，我们该如何对学生进行价值观的引导呢？

首先，告知学生何为价值观。

价值观的定义该如何阐述，视学生的理解力来确定。面对初高中生，班主任可以直接用百度百科里的解释来表述。面对小学生，班主任则要化深为浅，用小学生能听懂的话来表述，比如，你认为这件事是对的，还是错的？如果学生判断出来的结论符合社会主流规范，那就意味着学生的价值观没有问题。如果学生不能判断，或者说出来的结论与主流规范相差甚远，这就意味着学生的价值观存在问题。班主任就要反复向学生强调积极的价值观。

其次，引导学生形成正确的价值观。

何为正确的价值观？我个人认为，中学生就以《中学生日常行为规范》为参照，小学生就以《小学生日常行为规范》为准则，落实具体细节。大多数学校都向学生印发了该资料，即使学校没有统一印发，班主任也能在网上自行找到相关内容。此外，班主任也要向学生反复宣讲社会主义核心价值观，并且让他们落实到行动上。

班主任引导学生形成正确的价值观，不仅要告知学生价值观的内容，还要对照学生的日常行为进行提醒、督促、强调、评价。只有认真落实，坚持不懈，学生的精神才会真正成长。

（三）帮助学生建立健康的人际关系

我在一线带班，对每一届学生都非常用心。我发现，对于在学校里的学生来说，人际关系的和谐比成绩优异更重要。一个学生，如果在学校里没有得到他人的认可，没有稳定的朋友圈，是很容易出现心理问题的，当然也就不可能静下心来认真读书了。因此，班主任一项不可忽视的工作任务就是要帮助学生建立健康的人际关系。

怎样帮助学生建立健康的人际关系呢？一是班主任自己要在班里尽量做到一碗水端平。二是班主任要在班里旗帜鲜明地表达自己的态度与立场：我要建立一个相亲相爱的班级，我们的班级就是一个家，每一个同学都是这个家庭的成员。我坚决反对内讧、窝里斗，对于班级中可能出现的霸凌现象，我的态度就是零容忍。只要班主任亮明了态度和立场，学生之间的霸凌事件就会减少。三是班主任要指导学生如何交往，教给学生一些交友秘籍，这样他们就能轻松地建立健康的人际圈子了。学生一旦在班里有了健康的人际圈子，就有了归属感和安全感。

（四）帮助学生提高认知水平

很多时候，学生做了让人觉得匪夷所思的事情，主要是因为他们无知，根本不知道这件事能不能做。因此，班主任要利用各种教育契机，提升学生的认知水平，让他们生成一双慧眼，看清事情真相，做出明智的选择。那么，如何才能提升学生的认知水平呢？

我个人的做法是，每天给学生分享一些新知，这些新知均是我在业余时间习得。比如，我跟学生说，森林里最容易造成火灾的东西不是烟头，而是装有水的矿泉水瓶。学生听到后觉得特别惊讶，问我是怎么回事。我顺势跟他们说，装有水的透明水瓶在阳光的照射下，会形成一个凸透镜的状态将阳光聚焦，一旦焦点集中在易燃物品上，随着聚焦部位温度不断升高，就会引发火灾。我这个分享，不仅告诫了学生要爱护环境，不能随便扔垃圾，也让他们获得了一些物理知识。只有学生具备了这样的认知，他们才不会把装有水的矿泉水瓶子扔在森林或者草坪里。

有些学生偶尔也会对我发脾气，甚至不尊敬我。我除了客观陈述我的感受，还表达了我的需要，提出了我的请求，随后事情就翻篇了，我对学生还是一如既往地好。另一些学生就很不解，说："老师，那个同学明明对你不友好，为什么你对他还是很好呢？"我笑着说："因为我的认知水平高出他很多啊，我对他好，不是为了让他对我好，而是我自己足够好。"

当学生的认知水平提高了，知道什么事可为，什么事不可为，教育的成本就会降低，教育的效果就会增强。

四、班主任是协助者

对于家长来说，班主任的角色是协助者，定位为家长的合伙人比较合适。作为家长的合伙人，当家长把孩子送到学校后，班主任该如何帮助家长管理和教育好他们的孩子呢？

（一）照顾好学生的身体

让学生免于伤害，生病时能及时发现并送医，这是班主任最基本的工作。班主任还要根据学生的发育情况，给家长提供合理的建议。比如：一日三餐怎么吃？想要长高怎么吃？为了保护牙齿和视力，哪些东西不能吃？事情虽小，但关乎孩子的身体，在家长那里就是大事。即使班主任是个未婚未育的年轻教师，也要对学生的身体给予关怀。如果他们不知道怎么照顾小孩的身体，就向年长的班主任请教，或者去网上找答案。班主任只有明确了自己作为合伙人的角色，才会有意识地去关心自己的学生。

（二）提高学生的学习能力

学生的考试分数未必能一抓一个准，但是作为班主任，我们很有必要对学生进行学法指导。提高学生的学习能力也是教学和带班工作的重中之重。这其中的做法不在此展开，建议班主任读一读《认知天性——让学习轻而易举的心理学规律》这本书，读完就知道如何指导学生学习了。

（三）保护学生的身心不受欺负

家长最不能接受的就是，孩子来到学校后被其他同学霸凌。因此，班主任要帮助学生建立健康的人际关系，要表明自己的态度与立场，要坚决地站在弱势学生那边，保证自己的学生在学校里不受欺负，帮助学生找到归属感与安全感。

在我的班级里，我对霸凌现象绝对零容忍。建班之初，我就非常明确地告诉每一位学生：我要把我们的班级打造成一个可以让每个同学都感到安全的家。我们就是相亲相爱的一家人。由此，我设定了三条不可逾越的底线，分别是：所有男生不可以在任何时间、任何地点，以任何理由谩骂女生；所有男生不可以在任何时间、任何地点，以任何理由殴打女生；班上的重活、累活、脏活，全部由男生包干，女生旁观。除了我鲜明的态度，我还教男生尊重、爱护女生，教女生如何做一个善解人意的人。这样一来，班上男女学生的关系就特别健康，没有出现过霸凌现象。如果有外班学生要欺负我班的女生，男生就会冲出去打抱不平；男生被欺负，女生也会第一时间请我去处理。

由于我非常爱我的学生，能护学生周全，所以家长就特别放心地把孩子送到学校来，对我也特别信任。作为班主任，我在家长面前就特别有话语权。

（四）建立畅通的家校沟通渠道

我们的学生不仅仅是我们的学生，还是家长的孩子。在老师眼里，学生可能存在不足，但在家长眼里，孩子有再多不足，也是一块黄金。因此，班主任在与家长沟通时，一定要注意方式、方法，不可与家长在沟通上发生龃龉。

首先，要规避五种做法。

第一，在群里沟通时指名点姓批评学生以及学生的家长。

第二，在群里沟通时实名发布学生的成绩。

第三，在群里沟通时向家长暗示送礼。

第四，在群里沟通时发布一些有违国家政策的，或者广告、养生之类的帖子。

第五，在群里沟通时炫耀自己的专业能力以及所取得的各项荣誉。

其次，要做好三件事。

一是关于打电话。

早上刚上班时，不要给家长打负面电话，要确保家长有个好心情去上班。中午吃饭时，不要给家长打负面电话，要确保家长有个好心情吃午饭和睡午觉。晚上10点以后，不要给家长打负面电话，要确保家长有个好心情休息，同时也可避免亲子矛盾升级。

二是关于发信息。

如果是常规性的告知信息，建议在上午10点和下午3点左右发。发信息时语气要客观平和，多使用陈述句，最好不要使用反问句，或者表示命令的祈使句。

三是关于请家长。

我个人建议，如果班主任能够在学校把事情处理好，学生也能认识到自己的错误，并且承诺改正，那么最好不要把家长请到学校来。如果学生犯的错误很严重，非请家长不可，那一定要事先给家长做好心理建设。班主任要诚恳地告诉家长，请家长来学校，绝不是来受羞辱的，而是一起与老师分析孩子的问题，找到犯错的原因并帮助孩子改正。因此，请家长来学校，就是请求合伙人的帮助，一起把孩子教好。

最后，切记"四个千万不要"。

千万不要与家长发生物质上的关系，千万不要当众指责家长的不是，千万不要数落孩子的各种问题，千万不要在家长面前炫耀自己的专业优越感。

有班主任问我说："我上面都可以做到，但如果家长在班级QQ群或者微信群里发表各种负面言论，或者对老师表达各种不满，班主任该怎么办呢？"

面对这种情况，班主任不必惊慌，按照以下四个步骤做下来，问题就能迎刃而解：

第一步，不带评论地观察。仔细阅读家长在群里究竟说了些什么，理解家长情绪背后的意图，对家长发出的言论表示理解。

第二步，客观陈述自己的感受。当家长在群里发表负面言论时，班主任不要使用评价性词语，客观陈述即可，难受、痛苦这一类的感受都可以说出来。

第三步，表达自己的需要。真诚地告诉家长，作为班主任，我们希望大家在群里谈论如何助力孩子成长，分享值得推广的育儿理念，给老师提供具有积极意义的参考。

第四步，提出自己的请求。真诚地请求家长，今后在群里都要尽量正面表达，把最美好、最积极的想法表达出来，为其他家长提供有价值的信息。

这四步做完，如果家长还有怨气，那就私下一对一地交流。我坚信，每一位家长都希望自己的孩子受到老师的重视，他们真心不愿意得罪老师。只要班主任真心为学生好，说话真诚谦和，家长是不会揪着老师不放的。

班主任与家长既然是合伙人的关系，那就要互相理解，彼此支持，一起把孩子管好、教好。只要是能助力孩子成长的事，班主任都应该去做。班主任必须认清自己的角色，明确自己的定位，做好自己该做的事。班主任要是能少发牢骚，少抱怨，心无旁骛地用心做事，自然会受到家长的欢迎，获得良好的口碑。

五、班主任是合作者

对同事来讲，班主任的角色是合作者。班主任需要与科任老师一起提高学生的成绩，以及对学生进行思想教育。班主任具体怎么做呢？

（一）班主任要与搭档建立互助合作的关系

班主任与搭档就好比拴在一根绳上的蚂蚱，互相拆台就会一损俱损。怎样才能与科任老师建立良好的人际关系呢？原则就是：互惠互利、共同进退、助力成长、同理共情。

班主任对科任老师既要当面赞赏，又要背后欣赏。班主任在学生面前要为科任老师立威，在家长面前要给科任老师助力，在领导面前要为科任老师美言，在荣誉面前要为科任老师铺路，在专业面前要与科任老师成果共享，在课堂纪律上要为科任老师扫清教学障碍。此外，班主任还要关注科任老师的身心健康，能给予方便的时候一定要大开方便之门。

我在与科任老师相处时，花了不少心思。具体做法如下：

首先，在学生面前为科任老师立威。我会明确地和学生说，科任老师比我这个班主任更重要，谁要是敢与科任老师对着干，后果将相当严重。这就是在学生面前为科任老师立威。科任老师的威信提高了，学生在课堂上就很乐意配合科任老师的各项教学要求。

其次，在学生面前大赞科任老师的优点。每个科任老师都有与众不同的地方。学历高、毕业于名牌学校的科任老师，我就赞其学习力强、见识广，可以带学生在知识的海洋里遨游；资历深、经验丰富的科任老师，我就赞其教学有方，抓知识点和考点非常精准，可以助力学生考出优异的成绩；资历尚浅的年轻科任老师，我就赞其年轻有活力、爱学习、干劲足，可以带给学生意想不到的惊喜。总之，班主任要努力去挖掘每一个科任老师的优点，然后在学生面前放大这些优点。这样一来，学生对科任老师就会很喜欢和钦佩，教学效果也会明显增强。

最后，帮助科任老师扫除生活和工作上的障碍。有些科任老师生了二宝，或孩子小，上下学都需要接送，工作时间被孩子严重挤占。还有一些科任老师年龄偏大，体质较弱，心有余而力不足，或者家中有生病的老人需要照顾等。班主任当然不可能进入这些科任老师家里去帮忙，但至少可以在时间上给予一定的支持。比如下午第九节看班，我本来就要在办公室改试卷，何不做个顺水人情，去教室里改试卷，帮助科任老师把班给看了呢？如果有科任老师早上送孩子上学，因为突发情况堵在路上来不了，这个时候，我就会果断到教室帮他把那节课顶了，既避免了学生无老师上课造成教学事故，也避免了领导巡堂时发现老师不在岗位而进行全校通报批评。

我对科任老师的理解与帮助，科任老师当然是铭记于心的，他们会投桃报李，更加用心地教学，助力我把这个班带得更好。

（二）班主任要与科任老师共商治班之策

虽然班级建设的任务主要是由班主任来承担，但如果班主任能放下身段，向身边的科任老师请教，请他们支招，他们其实也是很乐意的。很多时候，因为班主任承担着对学生进行处分、综评等任务，所以学生在班主任面前就容易伪装，导致班主任看到的很多都是假象，而科任老师不具备班主任的威慑力，反而能看到更多真相。班主任向科任老师请教，可以获得很多有效的建议。

在通常情况下，我会定期与科任老师开会。地点可以定在办公室，我会买一些新鲜水果，让大家边吃边聊，畅所欲言，既放松又和谐。班上哪些同学状态好，哪些同学状态不好，哪些同学需要老师特别关注，哪些同学性格存在问题，哪些同学后劲不足等，这些情况尽在老师的掌握之中。接下来，每个老师该怎么做，统统在轻松愉悦的氛围中达成了共识。

我也会利用周末的时间请科任老师在某地小聚一次，吃个饭，聊个天，轻松惬意，既谈了工作，又联络了感情。之前工作上的一些误解，甚至冲突，就在这样一种和谐的氛围之中消失殆尽。

从某种意义上来讲，班主任就是一个班级的统帅，不仅要身先士卒，也要懂得让利。责任担当在先，福利享受在后，这不是吃亏，而是领导力。一个有格局且有领导力的班主任，怎么可能一辈子吃亏呢？

既然选择了做班主任，就要深知班主任的角色与定位，就要恪守班主任的育人本分，就要谨记教育的终极目标——帮助学生获得建构幸福人生的能力。只要能助力学生成长，有什么事不可以做呢？有什么腰不可以弯呢？有什么利不可以让呢？

教育不是一件简单的事，请各位班主任不要低估教师这个职业的难度。当然，也不要回避，更不要害怕，而是要明确自己的角色与定位，做好自己的分内事。

班主任需要养成哪些核心素养

有些班主任，无论接手什么班级，都能带得风生水起。他们不仅能把班级管理得井井有条，还能激发学生的学习热情，更能把家校共育搞得有声有色。这些班主任除了练得一身治班的好本领，更是习得了一些常人所不知的核心素养。那么，班主任需要养成哪些核心素养，才能令自己所带的班级呈现蓬勃向上的态势呢？

一、热爱学生

一个只把班主任岗位当工作的老师，或许凭着自己的努力能把班级治理得井井有条，也能把学生管理得服服帖帖。但是，他们永远不能走进学生的生命场域，听不到学生的心声，看不到学生的努力，感受不到学生的痛苦与欢乐，他们只是在工作，不是在育人。慢慢地，他们就会失去学生的信任，班级也就越带越差。相反，那些热爱学生的班主任，看见学生时，眼里有光，心中有爱，说话、做事都会考虑到学生的真正需求。学生跟着这样的班主任，心里踏实，心情愉悦，特别有安全感，生命状态显得健康而活泼。

说到这个"热爱"，很多班主任都会果断地说自己很热爱学生。我绝不否认这份爱，但是，我这里要表达的"爱"，是班主任对班上每一个学生的爱，无关学生的成绩、长相、家境、习惯、性格、品行，仅仅因为是自己的学生，就能全心全意去爱。这种爱，才是真正的师爱。

班主任对学生的爱，除了能够做到一碗水端平，还需要有极强的容错能力。用一句略显煽情的话说，哪怕学生犯100次错误，班主任都要有第101次耐心教育学生……很多时候，班主任的付出与回报很难成正比，但如果不付出，就见不到任何成效。

二、责任感

我这里要表达的"责任感"是自觉产生的，并不是学校领导要求的。一个有自觉责任感的班主任，绝对不会踩着学校的时间点去上班。他一定是一大早就忙着去学校，一到学校就钻进班级，然后与学生一起搞卫生、闲聊、收发作业。课间，他绝不会待在办公室里喝茶聊天，而是去教室陪学生说话、玩耍。放学后，他也不会第一时间离开学校，而是守在教室里与每一位学生道别，目送每一位学生离开。

所有关乎学生成长的事情，不管学校是否安排，他都会主动去做好，因为他始终把学生的成长当作他的大事。在有高度责任感的班主任的价值体系里，没有什么比学生的未来更重要。所以，他会创设很多情境去助力学生成长，会抓住各种契机去培养学生的生活智慧。有高度责任感的班主任，做事特别主动，具备与时俱进的教育理念。他们往往也是学校的优秀班主任，是带班育人的高手。

三、敏感度

很多班主任读了很多书，看了很多电影，追了很多剧，听了很多脱口秀，买了很多课，收藏了很多网址，但他们带班时仍然手忙脚乱。既有的教育资源他们看不见，摆在眼前的教育契机他们抓不住，这是为什么呢？因为这类班主任对教育的反应很迟钝，缺乏育人的敏感度。

优秀，以至卓越的班主任，往往具有很强的教育敏感度。读书时，他会敏锐地捕捉到书中的教育观点，并及时地将观点转换为育人的策略。看电影或追剧时，他会留意影视剧里的可用素材，及时地整合到自己的班会课程里，让学生耳目一新，兴趣大增，在潜移默化中优化学生的价值观。看综艺节目时，他会琢磨如何才能将这些有趣的东西搬到课堂上，让学生代入进去，从而学会自我教育。在网上冲浪时，他总是能把网上的资源整合为自己的课程资源，并及时与学生分享，不遗余力地提升学生的认知水平，促进学生智慧的生成，以防错过学生成长的季节。

这种教育敏感度究竟从何而来呢？当然是日复一日刻意训练的结果。凡事用心，且坚持自我训练，久而久之，眼光就能变得敏锐，心思就能变得细腻，行动就会变得果断，教育的智慧自然就长出来了。

四、变现力

一个人，不论你读了多少书，掌握了多少知识，如果你所学到的知识，不能变成指导你行动的方法和策略，那么你的学习力就非常低下。有很多人读了很多书，懂得很多道理，却仍旧过不好自己的一生。这种行走的两脚"书柜"，空有满腹知识，却不能"变现"，无用！

在班主任群体中，高学历者比比皆是，但是，真正意义上的优秀班主任却不多。为什么？因为很多班主任只会说，不能做；只问"怎么办"，不想"为什么"；只会传递知识，不能传授智慧；只能看到问题，不会解决问题。

真正优秀的班主任，能够把所学知识灵活运用，甚至重新配置、组合后，变成他治班、育人的独家秘籍。这就是班主任的核心素养之一：知识变现力。怎样才能提高班主任的知识变现力呢？那就是活学活用，现学现用。只有在带班的过程中不断地运用知识，不断地试错纠正，不断地反思总结，班主任的实践能力才能提升，创新能力才能产生。

五、管理力

所谓的管理力，就是指班主任能够制定相应的管理制度，选好相宜的管理者，对班上的人和事进行积极有效地管理，推动每一个学生自觉成长。

很多班主任接手新班级都会一筹莫展，不知道班里有哪些事，也不知道找什么人来做这些事儿。迷茫、焦虑之下，班主任就会感到身心疲惫，对班主任工作丧失信心，对自己也会产生怀疑。之所以产生这样的结果，是因为他们的管理力很差。当然，这也不能怪他们，因为他们在上大学时，没有任何一门学科教过他们毕业之后该如何去管理一个班级。

优秀的班主任之所以优秀，是因为他们在日常的班主任工作中，自觉地提升了自己的管理力。怎样才能够提升管理力呢？最好的方法当然是在实践当中摸索、梳理和总结管理经验，形成自己独特的管理模式。另外，班主任还可以读一些管理方面的书籍，尤其要读那些世界五百强企业的管理书籍，把企业的有效管理策略整合迁移到班级管理当中来。最后，班主任还要有意识地培养学生的管理力和领导力，这样培养出来的学生在未来的职场里上升空间非常大。

六、沟通力

很多家校矛盾、师生矛盾，大都是因沟通不畅引发的。优秀班主任的沟通能力都很强，不是因为他们特别能说，而是因为他们懂得恰当地表达，能够准确地抓住对方的痒点和痛点，说话时能避开雷点。他们说出来的话，学生喜欢听，家长乐意听。不论是师生关系，还是家校关系，都很健康。

为什么这些班主任能形成这样的核心能力呢？这当然与天赋有关系。但很多人没有语言方面的天赋，仍然能够与学生、家长进行有效地沟通，显然，这就是后天刻意训练的结果。我年轻时，很不善于沟通。于是，我苦读沟通方面的书籍，苦练沟通技巧。现在的我，个性仍然很强势，说话还是"连珠带炮"，但这并不影响我成为一名沟通高手。不论是学生，还是家长，都很喜欢听我说话。他们说，听我说话如沐春风，听了还想听。

有一次我中途接班，还未进班时，一个老师就跟我说，班里有个"杠精"，不管老师说什么，他都喜欢怼，常常把老师怼得哑口无言。果然，我第一次与学生见面时，刚说了一句："同学们，相遇就是美好。"话音刚落，马上就有个声音怼回来了："美好不美好走着瞧！"我没有理会，继续说："我不是来教育你们的，我是来陪伴你们的。"那个声音又响了起来："陪我们玩吗？"当时，我心里确实感觉不适，但我还是告诫自己，不可生气，不可用同样拙劣的方式还击。于是，我自动屏蔽了那个声音，说："我觉得师生之间最浪漫的事情就是，我陪你们长大，你们陪我变老。"那个声音又响起来了："你本来就老啊。"连着怼了我三次，班上的学生终于忍不住笑了。我也笑了，不是装笑，是高兴地笑，我突然有一种捡到宝的感觉。我笑着说："面试通过，我确信你是一个有语言天赋的人，建议你多关注脱口秀行业的厉害角色，他们凭借自己的伶牙俐齿，不仅为大众带来了欢乐，也为自己铺好了锦绣前程。"

我说完这段话后，那个被称为"杠精"的男孩没有再怼我了。我也趁势打住话题，另做他事。随后，我收集了很多他的日常语录，私下找他做了深度沟通。沟通时，我没有对他的语言进行价值判断，而是客观陈述他说这类话时带给别人的不适感，建议他今后说话时慢3秒，提炼一下自己的话术再出口。说完，我送他一本《好好说话》。这本书集脱口秀行业优秀选手说话之大成，很有学习价值。自那以后，那个被大家视为"杠精"的男孩从未怼过我。

因为善于沟通，所以我与学生建立了非常健康的师生关系，与家长建立了非常和谐的家校关系。那么我要开展工作，自然就能获得学生的支持、家长的配合。工作效率就会提高，工作结果也往往如愿以偿。

七、思考力

广东省有一套先进的名班主任培养体系，我也是从这个体系中成长起来的省级名班主任。我在接受专业培训时，结识了很多名班主任。我发现，他们有着惊人的相似之处，那就是善于思考，且思考力很强。有天晚上，我与广东省几个名班主任聚餐，其间听了扶祥发老师讲他小时候的经历，立马就产生了强烈共鸣。我说："扶老师，你的成长经历这么艰难，为何还能成长为广东省教育厅认证的名班主任呢？你有没有思考过这里面的原因呢？能否从你的原生家庭中找到积极的成长因素呢？或许这对当下许多在不幸家庭中长大的孩子来说，是一种极好的指引呢。"我的话，引发了扶老师一系列的思考。事后，他写了一篇《"野蛮小子"的美丽蜕变》，讲述了他的成长经历，分析了他的成长背景，最终发现：支撑他朝向美好的竟然是自己那看似平凡实则伟大的母亲。由此，作为名班主任的扶老师，得出一个结论：一个家庭，父母关系和谐，当然是再好不过，但如果一个家庭出现了问题，母亲还能不放弃、不抛弃自己的孩子，那么这个孩子再差也不会差到哪里去。这无疑告诉我们，在家庭教育中，母亲的指导对孩子非常重要。看看，这就是思考力所结出的美丽果子。

八、写作力

从我个人的成长经历来看，班主任的成长应分为三层境界。

第一层境界：合格班主任。这层境界的班主任不需要太多的专业知识，你只要勤快，只要肯干，只要跟学生关系处得好，所带的班级在同年级中就不会排名靠后。不过，通过这种简单劳作的方法所带出来的班级，表面看起来没有什么问题，实际上，学生得不到他们所需要的精神营养。

第二层境界：优秀班主任。这层境界的班主任，不堆积时间，也不死盯监控，而是在做好常规管理的同时，打造滋润学生生命的班级文化，用文化去熏陶学生的生命，帮助他们搭建精神的房间。这样的班主任带出来的学生，他们的灵魂是温润的，他们进入社会后对人群充满善意，博爱且兼具人文情怀。

第三层境界：卓越班主任。到了这一层境界，我认为班主任应该把自己的成果呈现出来，向同行推广，造福更多的老师与学生。因此，这就要求班主任具有一定的写作力。班主任若不写作，就不能静下心来梳理自己所做的一切。在思想上，缺乏冷思考；在行为上，缺乏归纳整理；在成果上，一片空白。这样就很难影响到周围的人。因此，班主任养成写作的习惯非常必要。不一定要天天写，但一定要经常写。有新的想法和做法，有灵光一闪的东西，都要及时写下来。唯有这样，班主任才能慢慢形成与时俱进的教育理念，才会拥有独立的教育思想，也才能成为真正的名班主任。

九、执行力

我常遇到这样一种人，跟他讲道理，我定是嘴下败将。若是与他比效果和成果，我定会甩他几条街。他们说得头头是道，做得却一塌糊涂，每天都过得手忙脚乱。为何？因为知而不行啊！也就是我们常说的，缺乏执行力。这其实已经是一种通病了。我接触过许多优秀的班主任，我发现他们都有这样的共性：执行力超强。你委托他做事，他答应了，就会立即去做。不管做得是否成功，他都要去做，当然，他是带着思考力去做的。因此，很多别人看来很难成功的事情，他们都做成功了。就我而言，当初，我想做一个有影响力的班主任，那么怎样才能做个有影响力的班主任呢？我的一个师傅跟我说，你在当地是做得不错，口碑很好，但你只是在小范围内有点名气，这还不叫影响力。在全国各地的班主任群体中，人家说起班主任工作，就知道有你这么一个人，这就是影响力。我听后很纳闷，我天天守在自己的教室里，怎样才能让全国各地的班主任都知道有我这么一个人呢？我那师傅说，你得把你的所做、所想写出来啊，别人读了你的文字，就知道你是怎么做的，并且在得到启发后，可以把自己的班带得更好。慢慢地，你的影响力就出来了啊。我恍然大悟，立即敲击键盘书写我的教育故事和带班经验，坚持多年后，果然有了回报。这就是执行力带给我的巨大收获。因此，我一直认为，不管在哪个行业，若想成为有影响力的人，必须要有超强的执行力。

十、整合力

单打独斗的时代已经过去了，借助他人的力量和平台资源成就自己和他人的时代已经来临。各种资源令我们眼花缭乱。对此，我们该怎么办呢？死守教室，囿于一角，一个人自娱自乐吗？现在是一个知识付费的时代，是网络课程相互竞争的时代，是人人都可以发声的时代，那么，身为班主任，我们又该如何自处呢？这就意味着，班主任不仅要有很强的吸收力，还应该有很强的整合力。比如，班主任要开发班本课程，可以借用企业老总的理念，可以把优秀企业家请进教室，可以利用和整合网络上的各种图片、音像素材，包括一些名人的成长经历、一些影视剧等，以此来提升自己的教育效果，打造自己的教育特色。这个世界上没有什么东西是废品，关键看你怎样运用。

班主任的核心素养当然不止这些，但这十项是成为一个优秀班主任最为重要的素养。只要班主任愿意去修炼这十项核心素养，那么，成为一个快乐的、掌控全局的、得心应手的优秀班主任就很容易了。

如何做有温度的班主任

我经常会在一些鸡汤文里看到这样一句话：做个有温度的人。我开始思考：什么样的人才是有温度的人？从字面意思来讲，温度是表示物体冷热程度的物理量。显然，当温度作为"人"的修饰词时，不应该只取其字面意思，而应从人文层面来理解。有温度的人，是指这个人说话做事很贴心，能让他人感受到温暖，并且懂得照顾别人的感受，容易相处。

我还读到一本书，书名叫《做有温度的教育》（作者方华），其中《教育是给孩子更多可能》《教育，应给学生一个美丽的期待》等文章里呈现出来的做法和理念，就很有温度。我可以这样理解有温度的教育：老师把每个学生都当成独一无二的人，尊重学生本来的样子，让每个学生在学校里都有安全感和归属感，为学生预设积极的未来，帮助他们成为最好的自己。

有温度的人，会更受欢迎，也会给别人带去更美好的体验；有温度的教育，会让学生体验到成长的快乐，能找到属于自己的成就感。班主任，既为人，又做教育，就更应该有温度了。那么，做有温度的班主任应该具备哪些关键点呢？

一、爱心是首要

爱因斯坦说过，只有热爱才是最好的教师，它远远超过责任感。苏霍姆林斯基曾说，热爱孩子是教师生活中最主要的东西。

理论依据找到了，我们再回到教育实景中，假如没有爱，师生关系会如何？教学质量会怎样？课堂纪律会不会出问题？

期末学生评教时，班主任Z老师的评价结果是C等。他很生气，进到教室骂学生："一个学期，我每天早出晚归，辛辛苦苦陪着你们，没有功劳也有苦劳！班上绝大多数同学竟然给我打了C等，甚至还有同学给我打了D等！我有这么差吗？你们简直就是一群白眼狼，没心没肺！这样的班级带着有什么意思？你们觉得谁好，下学期就请谁当你们的班主任好了！"

德育处领导也觉得很奇怪，这位Z老师看起来确实很负责，班级成绩也不差，为什么学生评价的最终结果是C等呢？有些看起来相对懒散的班主任也得了B等，甚至A等啊！

领导纳闷地去Z老师班里找学生座谈。学生们承认Z老师很负责，但就是不喜欢Z老师，认为他的表现最多能得D等，打C等都是给他面子。领导问学生不喜欢Z老师的理由，学生也不躲闪，直言告之："主要是大家感受不到Z老师的爱，感觉他非常讨厌自己的学生。他每天早晨到教室确实很早，但每天都是来骂人的。不是骂学生来晚了，就是骂学生作业没写好，或者是骂学生傻呆呆的，不开口读书。考试考好了，就骂我们骄傲自满，必定要乐极生悲。考试考砸了，就骂我们蠢笨无知，遇到我们这群人简直倒霉透顶了。下课就走，上课就来，从来不与学生聊天谈心，学生心里在想什么、读什么、玩什么，他通通都不知道。他除了肩负着辱骂我们的责任，其他啥都没有！"

Z老师缺的不是一颗工作心，而是一颗爱心——真心接纳学生、包容学生、助力学生的心。

一个连爱心都没有的人，何谈温度？这群学生还特意向领导描述了他们的小学班主任。学生说，小学班主任就特别爱他们，每天早晨见到他们，都会热情洋溢地与他们打招呼，还会为学生整理衣服和书包。有些学生带了早餐没来得及吃，老师还特地允许他们去教室外面吃了再回教室上早读。有些学生作业没有完成，老师就让他们补上，从来不罚抄。课堂上谁要是没管住嘴，也只是被老师提醒，而不是被要求罚站。考试考好了，老师非常高兴，既给他们物质奖励，又对他们进行口头表扬。考试考砸了，老师就反复安慰学生说"咱们一起努力，争取下一次捞回来"！班上个性强的同学欺负人，老师也一定会站在受欺负的同学那边，为受辱者讨回公道。班上的同学，不论长相是否好看，家境是否富裕，成绩是否优秀，老师都一视同仁。最主要的是，老师还经常给他们做好吃的，比如小蛋糕、泡鸡脚、牛轧糖、凉拌菜等。

或许这个小学班主任的能力比不上Z老师，但学生却能真切地感受到这位班主任的爱，所以即便是到了初中，也对这位小学班主任念念不忘。

有教育家说过一句名言：孩子需要爱，特别是当孩子不值得爱的时候。老师的爱，就像一束阳光，瞬间就能照亮孩子的心房。

二、细心很必要

斯坦尼斯拉夫斯基说，没有顽强的细心的劳动，即使是有才华的人也会变成绣花枕头似的无用的玩物。

班主任若无爱心，肯定做不好工作，但若只有爱心，也做不好工作。比如，当学生早晨背着书包来学校时，班主任只在心里对自己说，我好爱这些孩子啊，感动的只有自己。班主任不知道学生在想什么，即将做什么，是很难开展后续工作的。

俗话说，欲要看究竟，处处细留心。班主任工作的重要组成部分就是与学生沟通交流。如果班主任不细心，对很多事情的真相就无法洞察。反之，如果班主任对很多事情洞若观火，不仅能提前解学生的燃眉之急，也能提前预防伤害事故的发生。从某种角度来说，细心是让人有温度的关键点之一。

早晨进教室，班主任可以仔细观察学生的面部表情，感受他们的情绪，透过情绪洞察他们的内心。如果学生心情不好，班主任可以走至身旁，轻抚其肩，柔声问道："有不开心吗？

需要我帮助吗？"学生接话倾诉，就侧耳细听，一边听一边点头表示理解、认同，但不随意判断。听完，问学生："你打算怎样做呢？"其实当学生自己说完后，他心中的不满也消散得差不多了，方法也在脑海里形成了。老师不需要对其说法、想法以至做法指手画脚，只需要做一个倾听者，就能让学生感受到老师的关爱了。如果学生不愿意说，也不强求，那就平和淡然地说："那行，你先接受负面情绪，慢慢自我消化。如果能及时消化，那就说明你的自愈能力很强，我就放心了。要是你不能及时消化也没关系，可以来找我，我愿意做你忠实的倾听者。"

除了关注学生的情绪，细心的班主任还会观察教室里的桌面和地面、学生的穿着打扮以及学生之间的相处情况。只要细心关注，就很容易看到问题，老师可以及时处理；也很容易发现学生的优点，老师可以及时点赞。

我每节课除了关注学生对知识点的掌握情况，还很重视解读学生的肢体语言（碍于我的课堂要求，学生不会随意讲话，但他们之间会用肢体语言进行交流），这个点只有细心的老师才能感知到。

有一次，我讲完一个知识点，趁学生沉思的当儿，在教室里悄然扫视了一周，发现有两个角落的荷尔蒙气息渐浓。当时，我立马就知道我要正儿八经给学生讲"青春期萌动"的相关知识了，爱情课的推出势在必行。

我分男女给他们上了性教育课，不仅教他们认识自己的身体，保护自己的身体，不伤害他人的身体，还帮助他们认识健康的性心理，建立健康的性道德观。

这一系列的课程跟进下来，学生之间的关系变得和谐而纯粹，之前那种诡异的氛围不见了。如果不是我细心，能早发现，早疏导，那么教室里就会刮出两股恋爱风。

三、耐心很重要

我经常说，学生在改错的过程中总会反复无常。犯了错误，老师一说，学生就赶紧认错，时间一过，就抛诸脑后。班主任若是急性子，就很容易按捺不住性子，等待学生成长。有耐心，是成为有温度的班主任的关键点之一。

柏拉图说，耐心是一切聪明才智的基础。萨迪也说过，谁没有耐心，谁就没有智慧。我觉得，没有耐心的人，是急躁冰冷的人，无法温暖他人。

对于一些屡教不改的学生，班主任若没有耐心，一定会感到绝望。我当时只在心里对自己说：即便你犯100次错，我也要教育你100次，原谅你第101次！哪怕我不再教你了，我也不会放弃你！

我说到做到！面对一个常常犯错的学生，我不仅拿出百倍的耐心包容他、等待他，也想尽各种办法帮助他。历时两年，跨越两省，在我的耐心教导下，最终把这个学生拉入正轨。我还把这个学生的转化过程写成了一本书——《孩子，这不是你的错——一名后进生的转化》，此书还曾被评为2013年度"影响教师的100本书"之一。

若没有耐心，我何以等待如此之久？我又怎能在学生心中"热气腾腾"？

四、体贴心很需要

师生矛盾为何愈演愈烈？现在抛开学生的问题不谈，只谈老师的问题。我个人觉得引发师生矛盾的一个重要原因在于有的老师对学生不够体贴，没有站在学生的立场来说话行事。

每周一的早晨有雷打不动的升旗仪式，按要求，学生必须穿礼服和皮鞋，未退队的学生还需要佩戴红领巾。学生偶尔会因为粗心，忘记穿皮鞋，或者忘记戴红领巾。具有体贴心的老师的做法就特别温馨：对于忘记穿皮鞋的同学，他们照常参加升旗仪式，但不能列入班队，也就是权利你享受，但小惩必须有。至于忘记戴红领巾，体贴的班主任早就准备了N条红领巾，供忘记的学生借用。

缺乏体贴心的班主任就会把事情弄得鸡飞狗跳。忘记穿皮鞋了啊？好！叫你家长必须立即送一双皮鞋到学校来！不过，周一的大早上，哪个家长不赶着去上班呀？这个时候硬要人家掉转车头来学校送皮鞋，即使一刻也不耽误，恐怕等皮鞋送到学校的时候，升旗仪式也早就结束了。有班主任会反驳：我要的不是皮鞋本身，而是要让学生和家长记住这一失误。忘穿皮鞋不是根本性错误，真的不需要如此大动干戈。每天都要为五斗米折腰的家长不容易，班主任不为难他们，方显良善。学生粗心大意也属正常，偶尔失误，放过他们，方显体贴。老师的良善与体贴，家长与学生都会记得。

班主任要善于掌握分寸，要有敏锐、体贴入微的态度，才能赢得学生的喜爱。

体贴，其实就是懂得。懂得家长的不易、学生的艰难。我们时常责怪学生懒惰，却很少想过这个世界给予了学生多少诱惑呢？我常说，现在的学生与我那时相比，可怜太多了！一边，大人使出浑身解数去诱惑他们，给他们手机，让他们进入一个眼花缭乱的世界。另一边，大人又要求他们放下手机，阻隔他们的信息通道。就好比我们拿着一个香气扑鼻的面包对着一个饿极了的人，一边诱惑：香不香？想不想吃？一边又严词要求：不能吃，有毒！不可吃，有害！这个饿极了的人惨不惨？太惨了！现在的孩子不就是这样的吗？反正孩子早晚都是要吃面包的，为何不能体谅他们，把面包做得无毒无害呢？或者根本不让他们这么饿呢？

五、慈悲心很紧要

慈悲心说起来有些抽象，为何有温度的人需要一颗慈悲心呢？究竟什么是慈悲心呢？

我认为，慈悲心是指一个人对某物或某事怀有的不忍之心。它是人与人、人与自然之间建立和谐关系的一颗重要之心。

班主任，是育人的导师，是学生成长的搭梯人。班主任如果缺乏慈悲心，就不能体谅学生的难处，不会原谅学生的过错，也不会细心观察学生的情绪，更不会耐心地等待学生的成长。

我曾经看过一个故事，讲的是一个单纯无知的女高中生犯了错，并受了处罚，处罚结果被装入了她的档案袋。

后来这个女生参加了招工考试，熟知她过去的人都说她没有机会了，入职审查这关肯定过不了。女生很忐忑，也很悔恨，焦灼地等待最后的结果。

哪知她竟然被招工组的人看上，并顺利入职了。若干年后，她无意之中看到了自己的档案袋，里面却没有那张受处分的表。档案里每一张评价表的评语都很正面，签名栏是她的班主任。她顿时泪眼蒙眬，对班主任感激不尽。

后来，她见到高中班主任，问档案袋里那张受处罚的表格去哪里了。高中班主任淡淡地说道："被我撕掉了。"随后，班主任又说了一句："年轻人，面对自己喜欢的人情难自禁，做了错事，只能说你太冲动了，但错不致死，既然你已经接受了惩罚，你的污点就应该随风而散。"

这位高中班主任的做法就是慈悲心。一个善意之举，救的就是一个人的一辈子。这颗心，班主任必须有！

哪些好习惯有助于成为优秀班主任

不少一线班主任向我寻求优秀班主任的成长秘籍，我满怀热情地向他们推荐了很多助力班主任成长的书籍。但是，他们依然很苦恼地对我说，就算读了这些书，还是很难解决工作中的问题。

为什么有些班主任态度很端正，工作很努力，读书很勤奋，却依然被学生怼得很惨呢？而有些班主任一进教室就受学生欢迎，一开口说话就被学生喜欢，一动手做事就能心想事成，很快，他们就成了学校以至全区、全市的优秀班主任。这些优秀班主任究竟有什么魔力可以把班级带得那样好呢？据我多年的观察和研究，我发现优秀班主任都有一些相似的好习惯。正是这些好习惯，让他们成了优秀的班主任。

一、喜欢微笑

爱笑的人自信、乐观，有亲和力。无论什么性格的学生，都更愿意亲近每天把笑容挂在脸上的班主任。班主任的笑意表示着对学生的接纳与喜爱。学生很愿意与这样的班主任建立彼此信任、互相依赖的师生关系。

班主任与学生建立了健康的师生关系，教育的效果就能事半功倍。反之，教育不仅无用，还有可能产生副作用。

广东省有很完善的名班主任培训系统，前后培养了近500名省级名班主任。我与这些省级名班主任打交道时，最直接的感受就是他们都特别乐观、自信，脸上都挂着极具亲和力的笑容。

反之，有些一线班主任，每天都绷着一张生气的脸。学生看到这张脸，就觉得压抑、惶恐，想掉头转身。有教育家曾经说过，教师想要塑造学生，前提是学生必须依赖教师。教师都把学生吓怕了，哪有什么依赖可言？没有依赖，就不要奢谈高质量的教育了。成为一名优秀的班主任，自然也就变成了妄念。

二、勤于跟班

我这里所说的"跟班"，并不是班主任紧跟学生不放，而是喜欢守在教室，与学生在一起。我在八个学校工作过，我反复观察那些在学校特别有声望的班主任，发现他们早晨到校都很早，一到学校就进班，一进班就与学生一起打扫卫生，一起收发作业，一起读书。课间也喜欢待在教室里与学生玩，放学也不会提前离校，而是目送学生离开教室。

这些喜欢跟班的班主任带出来的班级，较少出现学生的行为问题，基本没有霸凌现象。由于他们跟班比较勤，能够及时发现隐藏在学生群体中的问题，因而在问题还没爆发之前就已经解决了。再加上他们经常守在教室里，学生的一些不良行为也不便当着老师的面暴露出来，久而久之，学生就习惯了正语正行。

三、善于闲聊

优秀的班主任有空就与学生闲聊，在闲聊时不谈学习，不讲道理，不论理想……一切让人瞬间能产生压力的内容都不聊。聊什么呢？可以与学生聊吃，如哪里最近新开了一家小吃店，有啥品种，有何特色；麦当劳、肯德基有没有推出特色套餐；什么饮料是零热量、零脂肪、零碳水的。可以与学生聊穿，穿什么鞋，喜欢什么颜色款式的衣服，平时都去哪里买衣服。可以与学生聊玩，周末都去哪里玩，怎么玩，有没有好玩的地方推荐给老师。可以跟女生聊保养皮肤，管理体重等；可以跟男生聊打球，骑车等。

总之，闲聊是为了让学生愉悦，让他们觉得自己被班主任关注。善于与学生聊天的班主任，很容易与学生建立相互依赖的师生关系。学生的配合度高了，带出来的班级自然很优秀。

四、长于表扬

优秀的班主任从不吝啬自己的表扬，因为他们深谙人性，知道人内心深处最渴望的就是他人的欣赏。他们把自己变成"表哥""表姐"，对学生随时表扬，学生的力量就很容易被激发出来，生命能量就会与日俱增。

当然，表扬也是要讲技巧的。要避免那种"你真棒""你真厉害""你真牛""你真聪明"的低质量表扬。

优秀的班主任不仅要大张旗鼓地对学生进行当面表扬，还要不遗余力地对学生进行背后夸赞。

在表扬学生时，他们也很讲究方式方法：既表扬结果，又表扬过程；既表扬细节，又表扬整体；既表扬当下，也展望未来。总之，他们每天都在向学生释放积极的能量，学生就像打"鸡血"一样生机勃勃，整个班级也呈现出积极的生长态势。

五、善于倾听

优秀的班主任还喜欢听学生说话。不管学生怎么表述他们的观点，优秀的班主任都能做到不打断、不评价，而是全盘接受。哪怕学生的观点显得偏激，优秀的班主任也不会轻易评价，而是持保留态度，然后建议学生还可以怎么做，才会做得更好。比如，学生向班主任吐槽学校举行"大合唱比赛"这个活动纯属浪费时间，并且所给出的曲目也很老套。经验欠缺的班主任就很不爽了，直接怼道："你觉得不好，那你来安排好啰！"怼人谁不会呢？但是，怼完之后能解决问题吗？优秀的班主任听学生吐槽时，一定会笑吟吟地安静地听完，然后微笑着说："那咱们还有什么更好的办法来把这个活动办得有声有色呢？办法总比问题多，咱们一起来想办法，好吗？至于那首歌曲，我们要是不满意的话，还可以再选，直到选出我们满意的歌曲为止。"

班主任如果愿意听学生说话，又不胡乱评价，那么学生在心里纠结时就很乐意向班主任敞开心扉。只要学生愿意向班主任敞开心扉，那么很多潜在的问题就能轻而易举地解决了。

六、优于预设

我观察了很多年，发现那些优秀的班主任从来不会被班里的问题搞得焦头烂额，并且他们所带的班级出现的问题往往也很少。即使出现问题，他们也是手到擒来，轻松化解。不论何时，他们都给人一种轻松、愉悦、自信的感觉，并且对自己的工作极有掌控感。为什么他们当班主任就不累，甚至还是一种享受呢？

因为他们从来不给自己立"消防员"的人设。他们善于发现问题，善于提前预设问题，在问题还没有爆发出来之前，就对学生进行了教育，问题自然有效减少。

反观那些从不做预设的班主任，每天都充当救火的"消防员"，忙得焦头烂额，累得心慌气短，到头来却收效甚微。

扪心自问，我认为我是一个极具教育智慧的班主任，并且对教育很敏感，特别容易触到教育的痛点和痒点，但如果让我处理突发事件，也很难获得最满意的结果。

提前预设，步步为营，最终达到育人的"步步为赢"，这才是优秀班主任的标配。

七、勤于实践

无论多么高大上的教育理念，如果不去实践，再美也不过是想象。再高远的情怀，不去教室落地，都是伪情怀。优秀的班主任不仅看得远，想得深，还要勤于实践。

他们守住自己的教室与课堂，从最简单的事入手，一步一个脚印地干。

班级卫生差，他们就亲自带着学生搞卫生；课堂纪律差，他们调研后立即制订合理的课堂管理制度；学生之间出现人际关系问题，他们立即介入，帮助学生重建健康的人际关系。总之，他们每天都活跃在教室里，急学生之所急，想学生之所想，帮助学生消除成长的困惑，安抚饱受成长痛苦的学生。

因为勤于实践，所以他们积累起来的工作经验就特别丰富。遇到未经预设的突发事件，他们也能从容应对。因为勤于实践，所以他们锻炼出来了超强的执行力，容易心想事成，自我成长也会加速。

八、敢于创新

所谓的创新就是说别人不曾说过的话，做别人不曾做过的事。绝大多数班主任都在向学生要分数，优秀班主任却说身体健康才是最重要的；绝大多数班主任都在强调书本知识的重要性，优秀班主任却说生活智慧远比书本知识重要。

他们的言辞总是与别人不同，但听起来又很受用。除此之外，他们的行为也有别于普通班主任。别的班主任都在按部就班地打造常规班级文化，他们却根据自己的班情打造特色班级文化。

一个善于创新、喜欢折腾、活力满满的班主任，一定会受学生欢迎。即便没有被正式评为"优秀班主任"荣誉称号，他们也是当之无愧的优秀班主任。

九、乐于读书

综观那些优秀的班主任，无一不是喜读书、善学习的学习者。在他们的价值体系里，不读书，不开眼；不启智，难引领。

因为他们读文史哲类书籍，所以他们思想睿智；因为他们读科学类书籍，所以他们处事理性；因为他们跨界阅读，所以他们眼界辽阔；因为他们读技术类书籍，所以他们解决问题的能力很强。

他们喜欢读书，因而知识渊博，胸有丘壑。他们不停地输入，因而他们眼界开阔，认知水平很高，每天都能让学生做"新民"。学生跟着这些见多识广的班主任，精神世界就会"百般红紫斗芳菲"，真是幸哉，福哉！

十、善于反思

只会埋头做事的班主任，充其量就是个合格的班主任。善于反思的班主任才能称为优秀的班主任。

那些优秀的班主任不论做事还是说话，都会利用碎片时间反思：这件事我处理得专业吗？还有没有其他的处理方法？今后再处理这类事情，哪些问题需要规避，哪些地方需要加强？我在处理这件事时，依据的是什么教育理念？不停地自我叩问，不停地寻找答案，人就会快速成长。

与学生交流后，他们也会反思：我这话说出来，学生能听进去吗？会不会伤害到学生的自尊心？我可以用哪一种话术与学生沟通呢？不断地反问自己，就会不断地去寻找答案。假以时日，这些班主任一定会成为沟通高手。

自个儿的生活琐事，大可不必如此费神，但学生成长的那些事，就不能掉以轻心。凡属于自身专业成长的事，就不是小事。

十一、喜欢搞卫生

说到这一点，很多班主任都很不屑，认为自己好歹也是从大学走出来的老师，竟然与学生一起搞卫生，岂不是大材小用？说实话，班主任与学生一起搞卫生还真不是屈才，而是班主任的基本功。

那些优秀的班主任，不论是资历深厚的，还是资历浅的，每天进到教室都会与学生一起动手搞卫生。

与学生一起搞卫生有什么好处呢？言传不如身教，班主任要用实际行动来做学生的榜样。另外，班主任可以趁机与学生建立黏合度很高的师生关系。还有一点很重要，班主任亲自动手搞卫生，会对自己的班级产生深厚的感情。对班级有感情，才会对学生有感情，对自己的工作有感情，才会投入更多的时间去做好手头的事情。

十二、善于讲故事

很多班主任都痴迷于讲道理，经常把自己讲得很感动，却被学生视为讲了很多正确的废话。优秀的班主任都不是讲道理，而是讲故事。

班上有学生犯错了，编一个故事，把学生作为主角编进故事里，让学生重回事故场景，重温自己的所作所为，从而达到自我教育的目的。

发现学生学习有些倦怠了，班主任可以讲一个既有趣又有正能量的小故事。小故事，大道理。正确的价值观就像种子一样，悄悄地撒进了学生的心田，随风入夜，潜移默化，学生的精神世界就辽阔了。

学生的人际关系紧张了，班主任可以讲一些朋友相交的故事。学生听了对号入座，心领神会，朋友间的芥蒂不知不觉就消除了。

优秀的班主任都有很强的讲故事能力，他们的脑子里储存了很多故事。他们很善于抓住教育契机，故事信手拈来，教育力很强。

十三、善于定目标

没有目标就没有方向，没有强有力的行动。优秀的班主任都活得特别清醒、理性，知道自己想要什么，也清楚自己的班级要走向何方。他们善于为自己的班级制定发展的目标。

优秀的班主任是怎么制定班级发展目标的呢？这里要特别提醒：制定的目标要可描述、能量化，切忌笼统、含糊、假大空。

先是制定班级发展总目标，总目标分为学业目标和成长目标。拿学业目标来说，也就是，三年时间你想把自己所带班级的学生的学业成绩提高到年级多少名，班级平均分是多少，优生率是多少，多少个学生可以考上高中或者大学，这些都得有明确的数据呈现。拿成长目标来说，也就是，三年时间你希望自己所带班级的学生会有怎样的精神成长状态，养成什么样的好习惯，形成什么样的好思维，习得什么样的好品质，把这些都用简单明确的文字呈现出来。

接着是把总目标进行分解，分到每个学年、学期、学月、学周，然后逐一落实。目标再好，缺乏实际行动，都很难成事。优秀的班主任，不仅目标明确，而且执行力也超强。不管这个目标能否实现，先做了再说。

十四、现学现用

如果每一个有效的做法都需要自己千锤百炼总结出来，那效率就太低了。虽然说教育是慢的艺术，但是学生的成长耽误不起，千万不能拿学生的成长来练手。

优秀的班主任能一边通过实践提升自己的带班能力，一边通过学习和借鉴他人的有效做法促进学生成长。他们的学习能力和变现能力都非常强。

很多学校都为一线班主任订阅了《班主任之友》《班主任》这一类探讨班主任工作技法的杂志，可惜他们根本不读，或者就算读了也不用，当了很多年的班主任，还在凭本能和直觉工作。

优秀的班主任不会生搬硬套，而是灵活变通使用。看见书里面有优秀的做法，立即拿去教室里使用，这种现学现用的效果立竿见影，极大地激发了学习者的学习热情。

学了就能用，用了就有效。班主任的学习热情一旦持续高涨，就会用肉眼可见的速度成长：知识储备丰富，认知水平提高，带班理念升级，教育情怀产生，优秀到让人不敢忽视。一个人的成长进入了良性循环，想不优秀都难。

十五、勤于记录

每每听到优秀班主任介绍其带班经验时，很多一线班主任都很惊讶：我也是这么做的呀，我的做法跟他的是差不多的呀，为什么他是优秀班主任，我不是呢？

是啊，大家都做了同一件事情，方法都差不多，效果也不分高下，为什么别人是优秀班主任，自己不是呢？

这是因为别人不仅做了，还把做了的事情进行了记录，进而分析、归纳、总结，物化为成果，形成了自己的特色，再进行传播，产生了影响，不断拓宽了自己发展的平台。

我刚当班主任的时候，每天过得比老黄牛还要勤苦。我只知道苦干、硬干、蛮干，从来不把自己干过的事情写下来，也从不分析自己为什么要这么干。结果，我不仅把自己累得浑身是病，还讨不到学生的欢心，学生觉得我严苛、"狠毒"，把他们当机器。实际上，我是一心想要帮助学生，但他们并不理解。

后来，我每天都把我与学生之间发生的事情，进行原生态地记录。我怎么说的、怎么想的、怎么做的，都真实地记录下来。然后再回头细读，我就发现了我自己的做法存在问题，学生观存在问题，教育理念存在问题。于是，我赶紧扎进书堆，寻找学生能够接受的做法，优化自己的教育观。我稍作改变，学生就改变了，班也带好了，我自然也就成了优秀的班主任。

如果你想成为一名优秀的班主任，那么就努力地养成上述十五种优秀习惯。我敢保证，你坚持三到五年，就一定能成长为一名优秀的班主任，并且是名副其实的优秀班主任！

第二章

如何妥善处理
各种关系

如何化解初入职时的窘境

每当我看到刚入职的年轻老师被学生虐得灰心丧气、被家长质疑得六神无主、被同事抱怨得信心全无时，我就会想起自己参加工作时的窘境，我就会感同身受，并且想告诉所有的年轻人：相信自己！只要你不逃避问题，咬牙坚持，多方求教，与时间做朋友，就一定会有找回职业尊严的那一天。

2021年暑假，我为光明区所有班主任开了一次讲座。讲座过后，很多班主任都说被我圈粉了，还封我为"大神"。这个封号我觉得有些言过其实，但在班主任这个领域里，我确实有自己独到的看法与做法，并且还很有成效。我可以非常自信地说：无论学校给我一个什么样的班，我都能带得风生水起，并且会收获职业的幸福感。

不过，大家有没有想过，这是我工作30年后开的讲座啊！也就是说，我这个令大家羡慕、神往的工作状态，是经过了30年的沉淀的。我刚入职的那几年，也是手忙脚乱，常有心慌气短、六神无主的感觉。

我清楚地记得，1991年8月30日上午，我怀着喜悦的心情去参加新学期开学教职工大会。会上，领导宣布让我教八年级的语文，兼班主任工作。我当时就傻眼了：我一个20岁还不到的年轻老师，空降接手一个八年级的班级，七年级的语文我都不知道怎样教，就让我教八年级，我该如何教？我从来都没有当过班主任，也没人教过我怎样当班主任。我连班主任相关的书籍都没看过一本，就让我当八年级的班主任，这让我如何当？

我当时觉得我是教不好书，也当不好班主任的。我没有超群的智商，也没有做老师的天赋，何况那时我内心还非常抵触当老师。我主观上从未选择过做老师，都是造化弄人，我才阴差阳错做了教师。

但我不是一个轻易认怂的人。没有谁天生就无所不能，一个普通人不会做很正常，我可以学！

不会写教案，我就谦恭地向身边资深的同事借教案一字一句地抄写，一边抄一边琢磨，慢慢地就掌握了写教案的窍门以及有效教学的秘诀。不懂怎样上课，我就死皮赖脸地求经验丰富的同事带我，慢慢地，我的课就讲得有板有眼了。不会当班主任，我就跟学生一起玩。我与女生一起跳绳，与男生一起打乒乓球，周末还与学生一起去挖野菜、采野菊、捡蘑菇，甚至还因为玩得太晚住宿在学生家里。

我那时没有所谓的专业带班的意识，但我干得特别开心，学生也非常喜欢我。尽管我是个职场新人，但所带班级的班风和学风都非常不错。

教育学其实就是关系学。班主任接手新班时，最重要的工作不是"新官上任三把火"，而是与学生建立关系。只要师生之间建立了彼此依赖的关系，一切问题都能解决。

我观察了身边个别的年轻教师，他们放不下身段，根本不愿意与学生真诚交往。每天上课去，下课走，看不见学生的存在，与学生根本没有任何交集，对学生释放出来的信号也不及时回应，更不愿意去了解学生的需求。他们与学生的关系特别疏离，被学生戏称为没有感情的"人工智能"型教师。

1993年，我被调到了一所新学校，任教七年级语文，兼班主任工作。新生报到那天，发生了一件让我十分尴尬的事情。

什么事呢？

作为一个新调来的老师，我被一个老同事随口说了一句"年轻没经验，肯定教不好书"，结果分到我班上的学生，其中有四五个被家长硬生生地拽到了隔壁一个资深老师的班里。家长的说法是，他们的孩子在小学很优秀，初中是非常重要的三年，他们绝不会把孩子放到年轻老师的班上，并且还质问学校凭什么要拿他们的孩子给一个年轻老师练手艺。

我当时心里非常委屈！家长既然看不起我，为何不在学生进班之前就拒绝我？为什么要等到学生坐在我的教室里，当着所有学生的面把他们硬生生地拽走？凭什么要如此这般羞辱我？

不管怎样，优秀学生被家长从教室里拽走是既定事实，我已经被贴上了不会教书的标签。我能做的，就是擦干眼泪，调整心态，用事实证明：那些看不起我的家长总有一天会后悔的！

我用了三年时间，苦干、硬干，外加蛮干，愣是在1996年的中考成绩出来后，用数据让所有看不起我的人无话可说！也就是从那一年开始，我成了学校中不可代替的骨干力量！

在此，我还要请当初的学生原谅我的强硬手段。那时的我认知有限，没有什么"科研带班"的理念。但我非常认同曾国藩"结硬寨，打呆仗"的军事战略。既然我们不是一支优秀的队伍，那我们就死守自己的阵地，一点一点进步，一步一步前进。我那时就深知所谓的"洪荒之力"，原来都是咬牙坚持的结果。

1997年9月，我被调到镇里的学校，又是空降到一个八年级的班级教语文和当班主任。那一年，我生了孩子，身体严重发胖，加上还要给孩子喂奶，整个人看起来略有些邋遢。20多岁的人被别人当作快40岁的中年妇女，甚至还有闲人说我可能是大龄剩女结婚，所以不得不晚育。那个时候，我在别人眼里很疲惫憔悴，特别显老。

我的疲惫其实是有原因的。我的预产期是1月20号，但19号我还在上班。我清楚地记得，19号那天，学校组织学生考生物、地理，我在监考。22号凌晨，孩子生下来后，也就放寒假了。等到寒假结束，校领导来找我，希望我放弃产假，继续上班，因为我带的是毕业班，最后一个学期了，实在不好找代课教师。可我那时正在坐月子，再怎么无私奉献，也要坐够40天吧！这是女人产后恢复的底线时间。

领导倒是体谅我，说既然没有出月子，那就不讲课，前两周安排学生自习，我只需要把自己包成"粽子"，坐在教室里陪着学生即可。我到底是个熬不住的人，哪能长时间坐在教室里无所作为？离出月子还有两天，也就是在生了孩子第38天后，我脱去"粽子"装，开嗓讲课。我现在出去讲学，嗓子总是容易沙哑，可能也跟产后过早、过度用嗓有关。

刚调入新学校，我没有业绩，也没有人脉，并且我的精神状态还很差。这在很多人看来，我必定是个没有实力的女教师，不知道走了哪条关系，才从偏远学校调到了镇级学校。

于是，四年前的一幕重演了。班里有四个优秀学生被一个男同事忽悠走了。我刚到一个新学校，脚跟没站稳，局面没打开，就受到这般欺负，忍无可忍！但我忍了。没有资历，也没有业绩，更没有成果，凭什么让人家服你？不过，我有股不服输的劲儿。我脑子不笨，性格坚韧，还很好学，特别有实干精神，我怕什么？学生不认可我，我就主动靠近学生，同他们聊天，与他们玩游戏。早晨为住校生煮鸡蛋，下午为学生烧开水。冬天带他们跑步，夏天为他们消暑，我还会用缝纫机给学生补破洞，换拉链。没多久，我班学生就被外班学生羡慕得不得了。同事质疑我，我就在身边拜师傅，学习资深老师怎样讲课，怎样批阅作业，怎样制作试卷，怎样与家长交谈。那个时候，没有互联网，只能靠就近"传帮带"的方式学习。年轻老师如果摆出一副傲慢自大的姿态，就根本学不到东西。

我那时年轻，好胜心很强。我努力工作，很大程度上不是因为对教育有着深刻地理解，也不是因为有什么教育情怀。我就是想证明给别人看：我不是教不来书，我只是年轻，没有经验。我可以学习，我可以变得更好。

我把这些经历写出来，并非心中放不下，这些事情早就云淡风轻了。其实我非常感谢初入职场时遭受的"毒打"。正是因为这些毫不留情的"毒打"，我才从书本中的"应然"走向了职场中的"实然"。我变得清醒，并深刻地知道了一个成年人若要在职场里混得风生水起，不是靠撒娇、卖惨、扮柔弱，而是要拿出真本事，能解决问题，能创造效益，这样别人才会认可你。

前天，我正在整理工作室学员的报名表，一个年轻老师的表格引起了我的注意。她是今年才毕业的研究生，还没上岗，就主动报名加入我的工作室。按要求，她是进不了我的工作室的，但我看到表格上那张年轻的脸，就想起了我自己当初求教无门的无奈，所以就毫不犹豫地把她放进来了。

我打电话通知她加入我的工作群时，她跟我说，她正被学生搞得焦头烂额，真实的教育情境跟她想象的相差太远了。她现在睡不好，吃不好，心情非常低落，每天都像个旋转不停的陀螺，疲惫极了。一个未婚未育的女老师，突然要去做50

个一年级小孩的班妈，实在是太难为她了。回想我当初，不也是如此彷徨无助吗？于是我立即与她共情了，安慰了她几句后，问她："那你还加入我的工作室吗？"她问我："工作室会搞活动吗？"我说："建立工作室的目的就是帮助老师提升带班的专业能力，当然要搞活动。"她想了想，说："那还是算了吧，我太忙了，没时间来参加活动。"这种事当然不能勉强，我尊重了她的选择。但是，我为她感到遗憾，一个可以把自己变得更好的机会，就因为她眼前感受到的忙乱和疲惫而放弃了。真正懂得时间管理的人，一定会加大对自己的投资。因为只有提高自己的能力，把自己变得更专业，才会对工作和生活有掌控感，才能获得充裕的时间，才不会被忙碌绑架。即使忙，也不会乱。即使累，也会乐在其中。

鉴于我年轻时候的遭遇，我特别能与正处在职场困惑中的年轻人共情。我想站在年轻老师的队列里，真诚地告诉他们：你可以化解初入职场的窘境，只是你需要与时间做朋友，需要强大的内心，需要投入时间和精力，需要拥抱不确定性。

如果你不懂人性，你就多读关于人性方面的书，多揣摩身边人的言行举止。因为，教育首先是人学，不懂人，怎么育人呢？教小学的年轻老师，可以手捧一本鲁道夫·谢弗的《儿童心理学》。教初高中的老师，可以读一读金·盖尔·多金的《青春期心理学——青少年的成长、发展和面临的问题》。除此之外，还可以读一读刘墉的《你不可不知的人性》、阿德勒的《理解人性》。最好挤出时间读几本关于性格方面的书，比如皮尔森的《性格密码》、安妮·博格尔的《如何提升性格优势——9大维度解析性格的奥秘》、乐嘉的《跟乐嘉学性格色彩》。

如果你不懂怎样教学，那么这个问题太好解决了。一是可以在同一个年级拜一个师傅，主动去找师傅，而不是等着学校给你安排一个官方的师傅。要是你诚意不够，学习又不主动，师傅凭什么教你绝招？二是反复研究课程标准，上教学网学习别人的优秀教案和课件，还可以购买名师的视频课程跟着学习……现在的学习资源比我刚入职时，简直多得学不过来。有先进的教学平台，还有丰富的教学资源，如果每天面对工作时还不知所措，那只能说是自己的"搜商"和"学商"都堪忧了。

如果你不懂当班主任，也不要着急。任何事情想要做好都需要时间，况且育人本就是一项见效缓慢的工程。刚开始没有经验，那就守住自己的教室。每天早晨，比别人早10～20分钟进教室。这个时间可以拿来与学生聊天，搞卫生，观察学生的言行，检查或者督促学生上交家庭作业。放学时，比别人晚30～60分钟离开学校。这个时间可以用来与个别学生谈心，也可以完善当天没有做好的工作，准备第二天的教案和课件；还可以把第二天需要做的事情按照"重要紧急排序法"把顺序给排出来，排序时一定要纸质化，一条一条罗列在笔记本上。待到执行时，做一条，打一个钩。既不会把重要事情漏掉，效率又很高，非常有成就感。我个人非常喜欢把各项事情都罗列在笔记本上，紧张而有序，做事特别有激情，很少因为茫然而浪费时间。我几乎每天都可以提前把事情做完，还能剩下一些时间看看书、写作。下面我把开学第二周周一要做的事情罗列出来，希望能对各位老师有所启发。

时间：9月9日

需要完成的事情：

1. 检查语文知能作业（重要事情，必做）。

2. 研读《道德与法治》课程标准。

3. 抽查学生唐诗五首的背诵情况（利用课间时间抽查）。

4. 准备班会课"暑期复盘"的课件。

5. 与科任老师确定开会时间。

6. 制作书柜小条幅。

7. 召开班会，商量班委续聘事宜。

8. 与午休生沟通中午用餐之事，做好个别学生的思想工作。

9. 找张奥和林俊杰谈心。

10. 准备周日直播课件。

初入职的班主任，不必心急，做个合格的班主任即可。做个合格的班主任，首先要勤奋，就是要勤于跟班，嘴勤、眼勤、腿勤。其次要服从，就是要服从学校的各项工作安排。先把班级稳定下来，做好常规管理，再慢慢帮助学生养成良好的习惯及建立正确的价值体系。不心急，不心慌，不吼叫，每天陪着学生开心过日子。就算学生搞出了事故，也不要急火攻心、方寸大乱，而是要抱着研究的心态，把事故变成故事，把错误变成学生成长的养分。

年轻人，不着急，慢慢来。年轻，就是最大的资本，一切都可以改写。放开心胸，拥抱不确定性，未来会比你现在看到的更精彩。只要你相信自己，勤于实践，努力去探索改进工作的方法，你很快就能化解你的职场窘境。

如何与学校领导和谐相处

很多新入职的班主任看到领导就发怵，不知道怎么跟领导沟通，每次见到领导不是沉默不语，就是笑而不语，总之，"不语"。他们也不知道怎么跟领导相处，每次见到领导都觉得很尴尬，不是视而不见，就是避而不见，总之，"不见"。辛苦工作了一个学期，不要说才华被领导看见，就连脸都没混熟。

那么新入职的班主任，究竟要怎样跟领导相处，才能消除心中的惶恐，从容自如地拉开职场生活的序幕呢？

一、用行动表明自己对领导的尊重，对工作的认真

有些新入职的班主任对我说："让我把事情做好，没问题，但要我对领导花言巧语，那是万万做不到！"谁要你花言巧语了？既然不想说，那就不说。很多时候，不说话也可以跟领导畅通无阻地沟通。

开会时，你每次都主动坐前三排，把手机静音藏包里，拿出你的纸质笔记本，或者笔记本电脑，然后正襟危坐。领导讲话时，认真聆听的同时把会议要点记在笔记本上。领导不是瞎子，第一次看不到，第二次、第三次总能看到。请问，假如你是领导，你每次都看到一个年轻人在你开会时，坐在最前面，真诚地看着你，认真地听着你讲话，并且还时不时地做笔记，你会讨厌这样的年轻人吗？

反之，那些每次开会都溜到后排就座，低头玩手机的年轻人，无论你多么的光芒万丈，领导都不容易看到你，因为，大多数领导都是"近视眼"。

做任务时，不管领导给你安排什么任务，你都要高兴地接受，并且向领导做一次任务回述，让领导确认你已经领会其中要旨了。比如德育主任说："小王，你下午找个时间安排你班上的学生去体育场西角落拔一下杂草吧。"此时你就要对领导说："主任，你放心，我下午第九节课就安排我班学生去体育场西角落把杂草给拔了！"有时间、有地点、还有明确的目标任务，领导听你这样一说，立马就知道你已经领会其意，对你就会特别放心。

待你把任务圆满完成时，领导就会觉得你这个年轻人特别靠谱，今后有重要任务就会立即想到你。事情做多了，能力就强了，你在领导那里不仅混了个脸熟，还打下了非常良好的心理基础。今后若有升职机会，领导的脑海里就会弹出你的形象。

相反，有些年轻班主任在接到领导安排的任务时，马上就会表达不满：凭什么让我去？甚至还会私下议论：某领导真是个神经，那么多人不安排，偏偏安排我，简直就是职场欺凌！什么叫职场欺凌？一般是指会造成办公室"人际关系方面的冲突"的行为、语言、现象等，简单地说，就是在工作单位中被他人欺负——公然侮辱、忽视指责、独断专行等，既包括同级之间的相互压榨排挤，上司对下属的打压训斥，也包括下属对上司的孤立排斥等。领导安排你做点事，就上升到职场欺凌，这显然有失公允。我观察了很多年，秉持这种认知的年轻人，多半是在职场里浑水摸鱼的家伙，工作到退休，不仅一事无成，还制造了很多人际是非。

二、为人真诚，承认不足

年轻人最大的优势就是年轻，精力旺盛、与时俱进，很受学生待见。如果这个年轻人为人很真诚，做事很积极，就特别受欢迎。

但也正是因为他们年轻，所以职场经验欠缺，工作效果难达预期。这个时候不要怕被领导小看，而是要大胆地承认自己存在的不足和需要改进的地方，表达自己对于领导支持还有资深教师帮助的渴望。

我所在科组有位小同事，刚来我们学校时，很多方面都显得很生疏，看起来似乎不能委以重任。但这位小同事特别诚恳和谦逊，她非常直白地承认自己不会写教案，也不懂如何组织教学，需要听资深教师的课，请科组的大哥大姐允许她学习大家的教案，同意她去教室听课。她还说她也不懂如何带班，搞不定学生和家长，特别渴望德育主任去她教室帮她诊断。她是真的不会写教案，不会组织教学吗？怎么可能！她可能比不上行家里手，但她绝不是门外汉。她只是把别人的质疑提前说了出来而已。

因为她的真诚和敢于露短，领导非常喜欢她。有公开课比赛，安排她参加，并为她指派优秀的辅导老师；有演讲比赛，也安排她参加，还主动为她联系资深的声乐老师指导她如何发声；有班主任专业成长方面的学习，也安排她外出学习。

这位年轻人也特别好学，几年下来，很多同龄人还在迷茫困惑时，她已经是区教坛新秀和骨干班主任了。

有一年暑假，我在东莞给一拨新入职的年轻老师做培训。我说了一句："咱们要把姿态放低，承认自己是职场菜鸟，拜身边的同事为师，向他们学习实践经验。"有几个年轻人便觉得我小看他们，当场表示不服。我笑着说："一旦进入职场，学历就压箱底了，大家看的，不是你会不会说，能不能写，而是你能不能把手上的活干好。把自己压得越低，才会飞得越高！"

一个刚入职的年轻人，要资历没资历，要业绩没业绩，要人脉也没人脉，可谓是一无所有。此时放低姿态，承认不足，谁都不会说你不行，反而会得到更多人的帮助。

三、主动向领导请缨，帮同事做事

领导最讨厌哪种教师？只说不做和邀功请赏的教师。最欣赏哪种教师？主动请缨和喜欢助人的教师。

《教师博览》期刊的某编辑约我给年轻老师写一封信，主要从常见问题入手，给年轻老师提一些建议。我应邀之后非常认真且诚恳地写了一封信，其中谈到现在很多年轻教师由于"时间边界感过强，导致教育心的缺乏"这样一个问题。大多数老师非常赞同我的观点，但也有部分年轻老师表示不赞同，有一个老师用非常不满的语气给我留了言：

我关注您很久了，老师写的每篇文章我几乎都会去看，唯有这次的文章不太认同。老师的字里行间表现了那个年代人的理想感情和对工作的态度。时代改变了，新一代人进入了工作岗位，环境也发生了变化。您应该抬起头看看这个时代，了解一下新时代成长下来的年轻教师的思想，以及她们的态度为什么会这样，而不是让90后甚至00后还和七八十年代的人一样，一味讲"奉献"。我对您也没有什么看不惯的，毕竟以后10后成长起来，与现在又是大不同了。

读者能在我的文章下面表达不同的意见，并且这个意见还能被放出来，这本身就表明了我是一个与时俱进的人。学生是复杂多变的人，而教师是服务于学生成长的职业。如果把教师与企业员工等同起来，凡事都要制定出非常明确的边界，尤其是时间上的边界，人情味就很淡薄，老师显得很寡情，师生关系也很疏离。比如暑假的某一天，我还在桂林讲学，恰好就有家长向我求助，说她与孩子发生了冲突，母子关系很恶劣，希望我回到深圳后抽个时间约谈一下她的孩子。我可以拒绝吗？可以！这是假期，我没有义务去帮别人修复亲子关系。但我忍心拒绝吗？不忍心！既然这件事关乎孩子的成长，家长又向我求助了，我也能摒弃我的边界论，抽个时间约学生聊聊，听听学生的想法，帮助这对母子重建健康的亲子关系。

我把这个故事写出来，目的就是想告诉每一位年轻的班主任，不论时代怎么变，也不论哪个时代的人来做老师，教育这个行业都要比其他行业奉献得更多。这是教师的使命，无可推脱。你在选择教师这个行业的时候就要想清楚，若总是拿新时代年轻人的观点来批判老一代教师的奉献精神，你就很难成为优秀教师，也很难得到学生和家长的真心爱戴。

新入职的班主任，除了把自己的工作做好，还要把眼睛睁大，观察周围是否有事却无人问津。一旦发现，就要去领导那里主动请缨。事情有人主动去做，领导怎会不高兴？当然，你还要学会一点，做事不邀功。有一个心理健康老师做班主任时，他最初觉得自己的学科既不考试，又不评估，说白了，就是一个边缘学科，于是也把自己给"边缘"起来。他在一个学校工作了四年，别说其他学科老师不认识他，就连很多班主任都不认识他，哪怕人家班里出现了心理不健康的学生，也不找他。他感到特别的失落，觉得自己在学校里就是一根可有可无的"废柴"。

我建议他主动找德育主任请示，每周用一节课时间开展一个"心理按摩"沙龙活动,给班主任进行心灵养护,再教班主任如何发现、关注、疏导班里有抑郁倾向的学生。

很快,这位心理健康老师就引起了大家的注意。领导对他赞不绝口,说他填补了学校空白——他制作了《学生心理评估手册》。班主任们也非常喜欢他——他帮各位班主任解决了很多无法解决的心理专业问题。

福建福鼎市的王彬彬老师,本是一位道德与法治老师,原本她任教的道德与法治课就足以令她在职场上春风得意。但她却主动请缨成立青春期学生心理咨询室,对青春期的学生进行访谈,这令很多长年潜伏在水底尚未解决的问题浮出水面,引起了老师和家长的高度重视。她还出版了个人专著《危险的13岁》,新书上市时,福鼎市教育局一行领导亲自到新书发布会上祝贺王彬彬老师。

王彬彬老师没有刻意去与领导建立关系,但她主动去做了有意义的事情,领导就向她靠近了。这件事正好验证了一句话:你若盛开,蝴蝶自来。

著名的经纪人杨天真女士出了一本书,书名是《把自己当回事儿》。她在书中讲了一个她刚入职的故事。她说,刚入职时,她每天很努力地把自己的事做完后,就问身边的同事有没有事情请她帮忙。她每天都特别晚才回家,因为她要帮同事干各种事。她觉得很累、很困,但是她很开心,因为她的成长速度肉眼可见。与她一起进公司的同事还是一只"小白兔",她就已经成为职场高手了。

一个敢于主动请缨，乐于帮助同事，又不贪功冒进、邀功请赏的年轻班主任，领导看在眼里，喜在心里。

四、向领导主动请教

年轻班主任开会时做个认真的倾听者，这是一个职场人的基本素质，还不足以引起领导的关注。

有个年轻人入职第一年就被安排当班主任，她心中没底，非常惶恐。她不知道怎样与学生建立关系，也不知道如何建立班级管理团队，更不知道如何转化后进生。

每次见到领导，她都很害怕领导问她最近工作开展的情况。正如墨菲定律，越怕什么，就越来什么。有一次，她去食堂吃饭，正巧走到厕所旁，校长也刚巧从厕所出来。她心里一惊，冒了一句尴尬万分的话出来："校长，您吃饱啦？"校长先是一愣，随即调侃她："你是饿晕啦，脑子昏昏沉沉的。"

后来，她痛定思痛，改变了先前躲避的方式。每次见到领导，就凑上去请教。见到德育主任，她就请教怎样当班主任："×主任，最近我在与学生建立师生关系时，遇到了一个特别冷漠的学生，我该如何打通与他的交流通道啊？还请您指导一下。"见到教学主任，她就请教怎样搜索教学资料："×主任，我最近想出一套题，请问哪一个教学网站用起来特别方便啊？"见到校长，她就请教如何进行职业规划："×校长，我最近苦恼自己的职业发展，目前我是应该定在'合格'档，还是努力朝'优秀'档迈进啊？还请您多多指教。"

当她尝试着向领导请教时，见面的尴尬与惶恐就消除了，并且还为自己贴上了一个"勤学好问"的标签，试问哪个领导不喜欢真诚向他们请教的年轻人？即使他们答不出来，也会帮你找到合适的领路人。

五、学会向上管理

有个男教师，工作特别勤奋认真，并且也很靠谱，但他只是默默地死干。干了什么，怎么干的，干出了什么成果，从不向外人说，更不会向领导汇报。他的级长比较欣赏他，曾经暗示他新学期人事安排时会推荐他当新初一的级长。他觉得自己各方面都胜出同龄人一筹，新初一的级长当定了。谁知新学期人事变动宣布时，新初一的级长是一个各方面都不如他的女教师。他特别不服，觉得其中必定有猫腻。

其实这里面根本没有猫腻。男教师工作态度确实非常端正，工作能力也很强，但是他缺乏向上管理的能力。级长不仅要教书育人，还要进行统筹与管理，需要较强的组织策划以及向上管理的能力。所谓的向上管理，就是要经常去领导办公室汇报自己最近的工作状况：做了什么？有什么特色与效果？产生了哪些积极影响？有什么可展示的成果？

汇报的目的就是告诉领导：我能做！我会做！我乐意做！我做得好！这个事非我莫属！你不断地在领导心里强化你是个可以重用的人才，一旦有机会，领导自然会想起你。

除了主动汇报，还要根据学校最近开展的工作提出合理的、可操作性的建议。比如，德育处要求班主任开线上家长会，你就可以做两三个方案，拿给德育主任看，请主任定夺。古今中外，东西南北，不论你身处哪个国家，没有向上管理的意识和能力，你的职场之路走起来都会很坎坷。当然，如果你自己有非常明确的目标，非常清楚自己想要什么或不要什么，那就遵循自己的本心，做自己最想做的事。

如何与科任教师和谐相处

班主任与科任教师，就像是拴在同一根绳上的蚂蚱，好坏、输赢都捆绑在一起。如果两者不能同心同德、同进同退，必然会造成双输的局面。班主任——班级的建设者与领导者，该如何与科任老师和谐相处呢？

一、制定相处原则

我与科任老师相处的原则：互惠互利，共同进退，助力成长，同理共情。用通俗的语言来讲，即班主任与科任老师既非亲人，也非朋友，只是怀揣同一目的的搭档，彼此之间应有对等的利益交换，为同一个目标互相助力，也为同一个目标彼此妥协。班主任作为班级的领导者，还应该有大局意识，要协助年轻的科任教师进行专业成长，要站在科任教师的立场理解他们的难处，为他们扫清工作上的障碍。

二、寻找相处之道

道理好懂，行动好难，尤其是与人相处，难度更大。班主任如若缺乏真诚的态度，不懂相处的策略，就很容易把人际关系搞砸，结果当然会很难看。这些年，我在与科任老师的相处中，摸索总结出了八大相处之道，现整理出来以飨读者。

（一）当面欣赏，背后赞美

最具有毁灭性的做法是当面刁难，背后非议。这种班主任最后都会成为"孤家寡人"，学生在他手里会很遭罪。最虚伪的做法是当面欣赏，背后非议。这种班主任会被视为人品有问题，表面上一团和气，背地里人家恨得他牙痒痒。最正确的做法是当面欣赏，背后赞美。当面被欣赏，谁都很开心，会对赞美他的人产生好感。背后还能得到赞美，那他就更加开心，对赞美他的人产生的就不仅是好感了，还会有一种遇到知己的感觉，所谓"背后赞美所向无敌"就是这个意思。

（二）专业支撑，成果共享

这个策略怎么理解呢？比如我班的数学老师最近两三年想要评职称，但评职称有一个不可或缺的条件，那就是必须有一个市级课题（德育或者学科方面的课题都可以），且名字必须在结题证书上排前三名。那么我在申报课题的时候，就会邀请数学老师（其他科任老师有需要也一并邀请）加入我的课题组。他可能对我的课题并不熟悉，这不要紧，我可以安排他制作调查表、收集资料、整理课题成果；最后结题时，我会将其名字排在前三，助他心想事成。或者，我的其他科任老师要参加区级或者市级公开课比赛，我在备课、磨课上可能帮不上忙，但去课堂上试听，然后提出一些改进建议是做得到的。待科任老师得奖归来，我虽然享受不到他的荣誉，但我的学生会因此感到骄傲，这就达到了我的预期目的，科任老师也会因此更加喜欢我，会更用心地对待我所带的班级。

（三）保证纪律，扫除障碍

虽然我们常说"谁的地盘谁做主"，但是很多科任老师确实是只想好好上课，不愿意出力管纪律，甚至连作业都不想亲自督促。我不想评价这类科任老师的做法，我只把自己该做的事情做好。

我会安排学习委员和纪律委员，以及各学科的科代表，让他们加强课堂观察，揪出喜欢扰乱课堂纪律的同学，我再对他们进行批评教育。我还会安排我的值日班长（班级学生轮流当，一人一周）对课堂违纪同学的行为进行详细记载，以便我亲自出马找这些同学说个长短、论个高低，保证课堂纪律正常有序。当然，我还会出台课堂管理规则，请科任老师按照这个管理规则让学生聚焦自己的课堂，以达到提升教学质量的目的。附《少侠一班课堂管理规则》如下：

1．与本课堂无关的话不说。

2．与本课堂无关的事不做。

3．与本课堂无关的书不看。

4．与本课堂无关的游戏不玩。

5．与本课堂无关的心事不想。

注：违反规则属于犯错，除了提醒，还要进行适当的惩戒！

我的课堂管理规则非常简单，易记、易操作，多年使用，亲测有效。在此，我要特别申明，任何做法都不可能达到百分之百的效果。学生不同，制度的实施者不同，效果就会不同。但我始终认为，有意为之，努力为之，专心为之，总比放任不管好。

（四）关注身心，满足需求

这一策略在有些读者看来似乎是针对学生而言的，他们认为学生是未成年人，不懂事，心灵脆弱，所以需要班主任更多的关心。至于科任老师，是早已经炼成"金刚不坏之身"的成年人，何需班主任关心？

这种想法显然过于片面了，谁说成年人就不需要关心？谁说成年人就一定坚不可摧？再大的成年人，也需要呵护。尤其是在当今这个压力山大的时代，很多老师的心理都处在亚健康状态。

班主任既然是班级的领头羊，就有责任去关注科任教师心中的所想和所需，尽可能去满足他们的需求。当然，我在这里所说的"需求"是有限度的，比如科任老师生病了，班主任帮忙调课；科任老师上班途中堵车了，班主任帮忙顶课；科任老师下午要提前去接小孩耽误一阵子，班主任帮忙看班……都是不必要的杂事。这里的"满足"，主要是指工作上的协助，与生活没有太大关联。我曾经就发现有些班主任的做法欠佳，属于缺乏同理心的表现。比如科任老师早晨晚到一会，他们不是赶紧去教室督促学生，而是给领导打电话投诉，导致科任老师被批评。一来二去，班主任就与科任老师结下了梁子。这种内耗谁都不讨好，最倒霉的就是学生了。

（五）学生面前给同事立威

我打个不恰当的比喻吧。一个家庭里，妈妈或者爸爸总是在孩子面前否定配偶，甚至说配偶的坏话，那么被否定或者攻击的一方在孩子面前还有什么威信可言呢？没有威信的父母，孩子又怎么会看得起呢？父母的教育又有何用呢？由此及彼，如果班主任总是在学生面前否定科任老师，甚至完全忽略科任老师的存在，那么科任老师在学生心目中的威信就会降低，教育教学效果就难达预期。

我经常会在学生面前郑重地表达：在我面前撒泼，没问题；在科任老师面前撒泼，门儿都没有！咱们班的科任老师，每个都是知识渊博、业务精湛的教学能手，他们来自全国各地，性格不同，风格各异，但对工作的热情，对学生的热爱都是一样的。

上学期的期末评教，有学生问我："可以给××老师评C等吗？"我回答："原则上当然可以，这是你的权利，我坚决捍卫。不过，我很想知道，你为什么要给这位老师评C等呢？"我为什么要这么问呢？据我观察，这位老师的工作态度以及教学能力获个A等也没问题，为何学生要给她打C等呢？

学生倒是很诚实，毫不隐瞒地对我说："我觉得这位老师偏心，对别班比对咱班好！"我问他："你又不在别班，凭什么觉得这位老师对别班好，对咱班不好呢？我实话告诉你，教学处评估该老师的教学业绩，是她任教的所有班级，她又不傻，干吗要分别对待呢？这不是害她自己吗？如果她真的在感情上区别对待了，那也不是她的问题，而是学生的问题！"随后，我在班上特别细数了该老师对我班学生的关爱。比如每天早早地来教室督促大家交作业，比如学生的成绩一进步就请大家吃美食，比如每个周末都提醒大家背书打卡。每一件事学生们都亲历过，只是他们都忽略了。待我说完，学生们对该老师肃然起敬，评教等级一下就上去了。我特别声明，我绝没有夸大事实，而是有理有据。每一件事，我都能说出时间、地点、缘由。只是学生不善于观察，没有用心体会，忽略了老师的好。

（六）在家长面前给同事助力

由于班主任担任班级建设与育人的主要工作，与家长的交往自然比较频繁，关系也相对亲密一些，因此，很多家长就在班主任面前吐槽科任老师的教法和做法。此时班主任该咋办呢？是认同家长的槽点呢，还是与家长争辩呢？我觉得都不妥。既然家长能说出槽点，说明科任老师总有做得不到位的地方，但家长毕竟不是亲眼所见、亲耳所闻，他们获得的信息未必全面，他们的说法未必中肯。这个时候，班主任就要冷静下来，不卑不亢、不愠不火地为科任老师助力，纠正家长对科任老师的错误评价。

去年9月，任教少侠一班的数学老师是新入职的年轻老师，不少家长向我吐槽，说老师太年轻了，没有丰富的教学经验，知识点抓不牢，考点抓不准，学生肯定学不好，咱班数学成绩堪忧；还说数学老师未婚未育，不懂生养的痛和苦，肯定不会爱学生。

听到这些似乎正确但含有偏见的吐槽声，我该怎么给这位数学老师助力呢？

我诚恳地对家长说道："你们的顾虑是对的，我也是家长，感同身受。刚毕业的大学生，我承认他们经验不够丰富，但他们精力旺盛，学习力强，他们的教学效果并不比资深教师差。他们未婚未育，确实没有生养孩子的经历，但是爱与不爱，跟是否生养没有关系。正是因为他们没有家庭的羁绊，反而可以全身心地把精力投入到工作中，有更多的时间备课和评阅作业，陪伴学生。加上有我这样一位职场前辈为他们护航，我敢保证，咱班数学成绩绝不会差！"

一年过去了，咱班数学成绩差吗？当然不差！数据摆在那里，家长都看得到，吐槽声也因此戛然而止。

（七）在领导面前替同事美言

开会时、偶遇时，领导出其不意地问道："你班某某老师课堂管理如何啊？与学生关系如何啊？跟家长交流是否顺畅啊？"这时，班主任该如何回答？说真话：某某老师的很多方面做得还好，但是某些方面就做得不尽如人意了。说假话：某某老师做得简直太好了，找不出半点漏洞！打太极：某某老师不错啊，感觉挺好的。

以上说法都不恰当。既然领导主动向班主任询问科任老师的表现，班主任就要趁机在领导面前为同事美言几句。我个人的观点是：真话不全说，假话绝不说。选择性表达是一个人成熟的表现。如果是年轻的科任老师，我就会说某某老师特别有上进心，经常向有经验的老师学习，课间还找学困生来讲题……如果是中年的科任老师，我就强调某某老师敬业，关爱学生，理解家长……总之，班主任要记得，向领导美言时，一定要描述具体的事情，切忌空泛表达。

有读者可能会有点困惑：万一科任老师做得很烂，我还要说好话，这岂不是睁眼说瞎话？这种有违良心的话我不说。我当然赞成一个人要永葆初心，要以赤子之心来应对生活的复杂。我就想问：既然你认为科任老师做得不好，为何不私下单独与科任老师真诚沟通，给科任老师一些有效建议呢？直言不讳可能会得罪人，但至少光明正大。背后揭短更得罪人，那叫心态阴暗，对方得知后必会记恨你，何必呢？或许你会说"我与科任老师直接沟通了，可他就是一意孤行，我能怎么办？我只能向领导投诉。"既然直说无效，那就不说。如果领导连自己的教师是个什么角色都看不懂，这样的领导也不会把学校办得更好，趁早离开才是明智的选择。

（八）在荣誉面前给同事铺路

我的心态是：是你的，就一定是你的，抢不来，争不来，把手头的事情做好才是真。面对荣誉时，我从来不主动索要，更不会与同事争抢。同事说，他最近两年要评职称，想要一个校级优秀的荣誉称号，可以成全吗？我说，行，你要拿就拿去呗！

不争，就不会患得患失，心态反而更阳光、更平静，人际关系也更纯粹，就会把更多心思放在教学和带班的研究上。心有宁静，才能读得进书，写得出文章，也才有现在连自己都很喜欢的自己。

如何与学生建立和谐关系

很多班主任听到"教育学是人学，也是关系学"这句话就很抓狂，说："字面意思我都懂。关键是，怎样才能与学生建立健康和谐的人际关系呢？请把具体做法告诉我啊！"

接下来我就说说，在具体的场景里，班主任若要与学生建立健康和谐的人际关系，该从哪些方面着手才有效呢？

一、改变认知：以人为本，把每个学生都当作一个真正的人来尊重，而非换取教学业绩的工具人

这是一个情感态度与价值观的问题。班主任如果在情感上总是觉得自己高人一等，态度上总是分别对待，价值观上总是随便评论和定性，那么学生无论从哪个角度看你这个班主任都不会顺眼，怎么可能与班主任建立和谐的关系呢？

我读书时遇到一位班主任，他经常对班上的一些学生言语轻蔑，但对成绩优秀的学生会区别对待。可想而知，这样的班主任怎么可能收获健康和谐的师生关系呢？倒是听到不少闲言碎语——都是对他人品的质疑。

学生不是抽象的虚拟之物，他们是有思想有情感、真实存在的人，所以他们需要被看见、被关注、被重视。他们主观上没有选择自己父母、家境、智商、长相的权利。在他们成为一个自食其力的成年人之前，他们的一切都是被动选择的。因此，在学生成年以前，不管他们是什么人，在学校里都需要老师尤其是班主任的帮助。

可是，不少班主任还存在教育认知上的误区。什么叫认知误区呢？我举一个例子供大家反思自己的教育行为。

课间，某班有三个男生互相开玩笑，彼此都在说"我爱你妈，某某某"，这个"某某某"就是被调侃的男孩的妈妈的名字，也就是说，三个孩子的妈妈的名字他们都互相知道。由此也可以推断这三个孩子之间特别熟稔，不然怎么知道对方母亲的真名呢？

三个男生的玩笑话被班主任听见了，班主任当即觉得此言论毁三观，严重颠覆其认知，要求家长来学校配合班主任教育，并且要求学校严惩。这就是认知误区。原本一场玩笑，被班主任上升为"品质败坏"，师生关系立马从路人上升为敌人。原本可以轻松化解的尴尬，结果因为三个男孩的妈妈的到场变得更尴尬。师生关系别说和谐，就是维持在陌生人状态都很难。

对于这件事，另外一个老师则给出了非常漂亮的处理方法。她听到学生的玩笑话后，顺势说道："你们的妈妈真有福气啊，原本只有一个儿子爱，现在又多了两个儿子爱，不出工不出力，白捡了两个这么大的儿子！"就算男孩们开这个玩笑有彼此心知肚明却又不能言明的意思，此话一出，爱也变得纯粹而干净，甚至还崇高。这个世界有多少好兄弟把对方父母当自己亲生父母一样尊重，甚至赡养对方父母的感人事迹。

两个班主任的处理方式代表的就是两种认知。我不否认前一个班主任的敬业与努力，但其学生观和教育观确实存在问题。后一个班主任对人性和教育的理解则更为深刻，认知水平也更高。

当班主任们具有"以人为本"这样的认知后，就会发自内心地尊重每个学生，不会情绪化地斥责学生，不会随意对学生的行为做价值判断，更不会狂妄自大到认为自己可以去塑造学生人格，拯救学生灵魂。这样的班主任是掌握着教育真理的导师，他们会接受每个学生本来的样子，小心地说话，正确地做事，尽心尽力地陪伴每一个学生健康成长。

具有正确认知的老师，即使事情做得很少，也会得到学生的敬重。有学生的敬重打底，班主任再运用一些人际交往策略，就会很容易建立健康和谐的师生关系。

班主任形成正确的教育认知后，就要探索落地的具体方法，知行合一才能建立健康的师生关系。

二、先感情，后事情，给女生打一副感情牌，将女生变成班主任的"铁杆粉"

我通常的做法是从女生入手大打感情牌，先将所有女生变成我的"铁杆粉",再将男生转化为我的助力者。那么,我是如何撒开这张人际网络,对女生大打感情牌的呢?

首先,对所有女生抛出"大小王",打出"王炸"的感觉:

1. 在我的班级,任何男生不可以在任何时间、任何地点以任何理由谩骂女生!

2. 在我的班级,任何男生不可以在任何时间、任何地点以任何理由殴打女生!

3. 在我的班级,所有的重活、累活、脏活、受气活,都是男生包干,女生旁观。

一句话:女生就是我的掌上明珠,我要把所有女生惯成神!谁敢跟女生过不去,就是直接跟我过不去,我必定对其"穷追猛打"!

我为什么要这么说?这怎么看都是在离间男女生关系,疏远老师与男生的关系啊。表面上看确乎如此,但唯有用这种以退为进的策略,才能把女生和男生逐一变成我的同行者。

我必须要把我的女学生培养成人格和情感都独立的高自尊女孩,让她们从小就受到呵护,认为自己很重要、很矜贵,值得被爱,也能获得爱。唯有在尊重与爱中长大的女性,才能成长为既善解人意,又能讲道义、担责任的独立女性。

当女孩被认可,被关注,被重视,女孩就能成为班级的领头羊,带着全班男生拔节生长。

接下来,再对女生打一副小清新的感情牌:

1. 真诚地告诉女生，老师需要全班女生的支持。这个支持包括情感的支持，学业上的支持，课堂配合度上的支持。女生的同理心较强，容易与老师共情，老师这样表述很容易在心理上赢得女生的支持。

2. 真诚地告诉女生，老师一个人的力量是有限的，为了把全班的成绩提上去，女生不仅自己要努力，还要团结男生一起努力。永远不要小觑女生对男生的影响力，只要全班女生都充满正能量，这个班的男生就绝不会乱。

3. 对女生要有更多呵护，千万不要在大庭广众之下让女生丢脸。女生自尊心很强，老师一旦得罪了女生，得罪的就不是一个人，而是一个亲友团，副作用特别大。

4. 对女生要不吝赞美，不论是公开还是私下，对女生都要多说好话。女生是听觉动物，最喜欢听甜言蜜语。不过，赞美的时候，班主任要遵守语言边界。男老师赞美女生，把重心放在赞美后天具有的特征上，比如赞美女生理科思维能力很强、逻辑感很强、很勤奋、做事周到、思维缜密等，千万别对女生的身体进行描绘式赞美，比如你的皮肤真白、你的身材真苗条。这虽然不能说明老师有什么坏心眼，但有意规避潜在危险是一个成熟男教师最体面的做法。女老师赞美女生可以赞美其先天的美好，比如皮肤细腻、身段苗条、声音动听，也可以赞美其后天的努力，比如不服输、有上进心等。

5. 对所有女生要一视同仁，切忌偏心。从女性心理来讲，老师若不能一碗水端平，很容易造成女生之间的人际矛盾。

最后，给女生贴一些正面的标签，打一副傲娇牌：

1. 女孩是老师的贴心小棉袄。

2. 女孩是班级的带头人。

3. 女孩是男孩成长的引领者。

4. 女孩是推动班级前进的主力军。

5. 女孩是优秀班级的创建者。

6. 女孩是班级的形象大使。

班主任在给女生贴这些标签时，要对每个标签做简单的表述，让女生感受到老师的真诚与真心，而不是为了拉拢她们打忽悠牌。

我在此做个简单的表述，以供读者参考：

亲爱的女孩们，老师此生最遗憾的就是没有生出一个女孩来，但我何其有幸，每天都有生机勃勃、青春靓丽的女孩陪伴。你们善解人意，你们懂得为师所思所需，你们就是为师的贴心小棉袄。

从发育这个角度来讲，同年龄段男女生进入青春期后，不论是身体发育，还是心智发育，抑或是读写发育，女生都要比男生早2～3年。也就是说，生理年龄上，咱班男生女生都是一致的；但心理年龄上，女生要偏大一些。因此，在心理上，女孩应该是男孩的大姐姐。既然咱们女孩是大姐姐了，就更懂事，更知道老师和自己需要什么，就会成长为班级的带头人、男孩成长的引领者、推动班级前进的主力军、优秀班级的创建者，是为师最得力的助手。咱们班若能建设成优秀班集体，女孩们一定厥功至伟！

成人社会里，评价一个家庭是否优秀，通常要看家庭主妇是否优秀。同理，在学校里，评价一个班级是否优秀，也要看这个班级的女生群体是否优秀。因此，女生的言行举止、仪容仪表，代表的就是班级的形象，说女生是班级的形象大使一点也不浮夸。总之，每个女孩都要牢记：女孩兴，则班级兴！女孩衰，则班级衰！你们是老师生命里不可或缺的重要他人！

我们暂且不管男生此时是怎么想的。重要的是，这一系列的感情牌打出来之后，女生与班主任的关系就建立起来了。只要在以后的岁月里，班主任一如既往地站在女生背后，为她们撑腰，护她们周全，帮她们解困，陪她们奋斗，女生与班主任的关系就是铜墙铁壁，任谁也破坏不了。

三、先故事，后道理，给男生注入一剂强心针，把男生变成班主任的助力者

班主任与女生的关系建立起来了，确实可以长舒一口气了，但此时不可松懈，更不可以掉以轻心。为啥？还有一股充满着怨气的力量在背后寻找机会发难呢。如果班主任不能及时疏散这股怨气，待到它们酝酿过久就会发酵成一众"怨灵"，届时各种"作妖"，班主任就会手忙脚乱，搞得身心俱疲、得不偿失。那么，如何化解这团日渐聚拢的怨气呢？

男生出现问题时，很多班主任会本能地给男生讲道理。实话告诉各位，吸引男生的，永远都不是放之四海而皆准的道

理，而是生动有趣的故事。因此，班主任在与男生打交道时，一定要先故事，后道理。

很显然，我最初打出的"王炸"牌，虽然笼络了女生，但也让一些男生对我已经心怀不满了。在这场还未交锋的战斗中，我已经棋输一着，那么我该如何扳回这一局，转败为胜呢？我要给男学生讲一个他们表面不想听，内心里其实非常想听的故事。

"亲爱的男孩们，我知道你们对我很失望，认为我不公平。我也知道咱班女生有很多问题，你们受了很多委屈。咱们暂且把这些情绪放一边，听我讲几个故事如何？"

男生原本是要找我发泄不满的，但我话一出口就从感情上示弱了，男生们原本准备怼我的话就没好意思说出口。于是，故事就能顺利地讲出来了。

"我们先来猜一个谜语：有一种生物，每个月都要流几天血，但是她们又不死，请问这是一种什么生物？"

男生当然很快就会猜到这种生物就是女生，因为女生每个月都有生理期。男生之所以能快速地猜到这个答案，是因为我之前给男女生开了青春期知识讲座，男生或多或少都记得一些内容。

"没错，女生这种生物每个月都有生理期。你们知道这究竟有多可怜吗？她们生理期时有多难受吗？"男生没有生理期，没有亲历感，哪里知道有多难受，但他们非常好奇。于是我告诉他们，女生的生理构造很特别，她们生理期时很容易腰酸背痛腿抽筋，小腹坠痛，小腿就像灌了铅一样沉重，心情特别烦躁：想哭，不好意思；想骂人，不知道骂谁；想打人，更不知道打谁。尽管女生的生理构造特殊，但她们跟男生是平等的。体育课上，男生跑多远，女生就跑多远。数学课上，男生做多难的题目，女生就做多难的题目。中高考时，男生的录取分数是多少，女生就是多少。进入职场时，领导不会因为这个人是女生，每个月有生理期，就给她少安排一些工作。"

通过这些事例，男生的同情心就被我激发出来了。他们突然觉得女生确实不容易，的确应该对女生好一些。老师要把女生捧在掌心也是情理之中，没必要跟老师计较公平与否了。

然后，我又讲了一个故事：

"很多女性生了孩子，要养育孩子的同时还要照常工作，每天还要回家做家务，她们人生之中最美好的年华都贡献给了孩子和家庭。如果她的丈夫能够理解她、支持她、呵护她，辛苦也就认了。可是很多男生从小就养成了直男脾性，没有温度、不懂爱人、缺乏责任感，甚至对女性还有偏见。因此，各位男孩，如果你们今后想要成为一个父亲，就要学会关心、体贴、照顾女生。你现在学会了如何与女生和谐相处，今后就能与自己的老婆和谐相处。你从现在就开始做一个有温度的男孩，今后你就能温暖自己的爱人与孩子，你的家庭才会幸福长久。"

我们的男孩子，今后未必都会成为科学家、文学家、企业家，但他们都会做父亲，都渴望建立一个幸福的原生家庭。如果他们从小没有学得这些认知，没有习得这些本事，他们未来的幸福就很可能会成为幻影。

最后我还给男生讲了一个英国男人的故事：

"英国男人是世界上公认的最具有绅士风度的男人了。无论在商场、地铁、公共汽车上还是在办公室里，男士遇到女士进门的时候一定要请她先走。更有甚者，在一些优雅的交际场合，要是有哪位女性不小心放了一个屁，正在尴尬万分的时候，就有男士主动认领，甚至会出现几个男人同认一个屁的现象。"

"这绝不是笑话，这说明英国男人对女性的尊重、爱护、怜惜！"

故事讲完后，我问男生："你们还怨我吗？还觉得我重女轻男吗？"所有男生都释然了，觉得我行为上可能有偏袒，但心里面是公平的。我笑着对他们说："我布这么大一个局，谋这么大一个篇，无非就是为了让男孩子有好日子过！身边的女孩若是女神级别的人物，男孩是不是就能过省心的日子？"

我这么一说，所有男生都欢呼起来，觉得我之前所做的一切，都是为了男生好。他们纷纷向我表态，今后一定要对班上的女生好，不随便奚落她们，也决不辱骂她们，更不会殴打她们，所有的重活累活都不要女生干。外班若有人敢欺负咱班女生，所有男生必须站出来为女生讨回公道。

至此，我与学生健康的人际关系也就彻底建立起来了。女生对我依恋，男生对我服气。男女学生的关系也非常友好，整个班级都是团结友善的氛围。为了长期维持班级友好的氛围，我还关注霸凌行为，立场鲜明地表达出我对霸凌的零容忍态度。学生之间出现搬弄是非的行为，我也会及时介入，坚决地站在弱势方与正义方，对破坏人际关系的行为决不容忍。如有外班的学生找我班学生的麻烦，我必定冲在第一线，为我的学生排除障碍、讨回公道。这样一来，我与学生的关系不仅和谐健康，还非常稳固持久。

如何与家长建立健康的关系

我们先要厘清教师与家长之间存在哪些关系。

从学术角度来讲，有附属型关系、离散型关系、民主型关系（王洪秀和温旭明《家长和教师关系的研究》）。其中民主型关系中的合作型民主关系是最健康的关系。

从民间角度来讲，有猫和老鼠的关系、路人甲与路人乙的关系、雇主与用人的关系。这三种关系都不健康，对工作、对人际都有副作用。

班主任是班级的建设者和组织者，也是育人的直接参与者，是与家长接触最多的人。那么，班主任应该如何与家长建立健康的关系呢？

一、确立班主任与家长的合伙人关系

什么是合伙人？按照百度百科上的解释，合伙人是指投资组成合伙企业，参与合伙经营的组织和个人，是合伙企业的主体。这个解释主要是从商业角度来讲的。我换成教育的角度，给合伙人重新定义。教育中的合伙人，是指投资时间和精力，乃至钱财，组成合伙教育共同体，参与共同教育学生的教师和家长，是助力学生成长的主体。

教育合伙人有什么特点呢？就是双方共同参与教育学生，享有相同的权利与义务。简单说，就是一起"赔"、一起"赚"的合作伙伴。既然班主任已经与家长形成了教育共同体，那就必须互相理解、及时沟通、互相配合、互相信任。这个理念，需要班主任在开家长会时，反复向家长进行诠释，获得家长的认可，与家长达成共识。

二、搞清楚家长需要班主任做什么

班主任既然与家长是合伙人的关系，就一定要搞清楚家长的需求，在满足其需求的同时，对其提出合理的要求。

1. 家长希望班主任认可和表扬孩子

当孩子被老师认可和表扬后，几乎所有的家长都会欢天喜地，反之则满心失落，甚至还会对班主任产生怨气。我每次召开的家长会，都会有一两个家长因事请假。但我每次邀请家长来给自己孩子颁发进步奖时，再忙再远的家长都赶来了，从未出现过请假的现象，甚至连迟到都没出现过。

2. 家长渴望班主任对其本人认可和激励

千万别认为家长是成年人，就不需要激励了，也千万别觉得家长是班主任的合伙人，就不需要认可了。家长也是人，有被认可和激励的天性需求。家长在家督促孩子到位，班主任要加以肯定。家长配合班主任的工作，班主任要点赞。家长对孩子的成长缺乏信心，班主任要给家长打气，引导家长看到孩子的优点，让家长对自己的孩子产生信心。

3. 班主任要体谅家长的难处

绝大多数家长都是升斗小民，每天为五斗米折腰。他们可能被上司刁难，也可能被同事排挤，还可能被年轻人取代。他们上有老下有小，家中还有房贷车贷，甚至还有病人……总之，各种尴尬与难处都在这群家长身上存在。班主任必须要设身处地地为家长着想，能够在学校解决的烦心事千万别加诸家长身上。一个懂得换位思考，能够共情的班主任，一定会赢得家长的认可。

4. 指导家长做好家庭教育

我带班多年，与各种层面的家长都打过交道。平心而论，我还没遇到过主观上不想做个好家长的家长，但确实有很多主观上想做好家长，客观上却做不好的家长。他们有的是工作太忙，没时间学习怎么做家长；有的是他们从小长大的原生家庭本身就存在问题，没有人给他们树立好榜样；有的是他们所秉持的家庭教育观存在问题，教育方法出现偏差；有的是家长的性格有问题，控制不住负面情绪；有的是家长的认知有局限，不懂得什么事可为，什么事不可为；有的是家长自身能力不足，根本不懂得如何去教育自己的孩子……其实，绝大多数家长都是一群需要老师帮助的人。有些读者可能会说，家长是孩子的第一任老师，是成年人，凭什么要老师去帮助他们？我的回答是，就凭老师是教育专业出身的专业人才。身为教师，我们不仅要有这个专业能力，也要有这个专业底气。

具体怎样帮助家长做好家庭教育呢？其一，可以与家长一起共读家庭教育读本（家长自愿，不可强求）；其二，可以给家长开专题讲座；其三，可以给家长推荐一些免费的公益学习渠道；其四，可以与家长面对面、一对一交流，交流时一定要让家长看到老师的诚意。只要班主任愿意向家长伸出援助之手，绝大多数家长都是很愿意为孩子改变的。当然，班主任不是万能的人，家长也不是全部都会领情的，但这并不影响班主任去助力那些需要帮助且乐意接受帮助的家长。

5. 帮助孩子成人成事

孩子来到学校，读书当然是主业，但在搞好主业的同时，能够学到怎样与他人建立关系、怎样从一个自然人进化为一个合格的社会人、怎样管理自己的情绪、怎样提升自己的道德品质、怎样形成正确的三观、如何扫地、如何整理书桌、如何收集资料、如何管理团队等就更好了。家长对班主任也会非常满意。事实上，这些事情本就是学校教育的组成部分。我带班多年，特别重视学生在"做事之中成人，成人之中做事"。因此，我特地为学生制定了"礼仪常规21条""做人要则41条""修身宝典30条"，还有分性别制定的"优秀男生修炼秘籍20条""女子箴言40条"。这些条条款款就是指导学生成人成事的准则。我不是单纯地把这些准则形成文字送给学生，而是逐条落实，要求学生用行动表达出来。

6. 帮助孩子提高成绩

这应该是所有家长梦寐以求的事。毕竟我们都处在应试教育的大环境下，不管你平时做多少有益于学生成长的事，最终都要拿分数出来比试。尤其是处在选拔系统的中学阶段，没有好看的分数，怎么上高中和大学？因此，班主任要想各种办法去提高学生的成绩。在这里我也要实事求是地说，提高学生成绩仅靠班主任的力量是不够的。学生本身的智力水平，以及领悟力、性格、动机，都要处在积极层面，班主任的助推才有效。即便如此，班主任也要尽心尽力去提高学生成绩。如果害怕失败，就用"谋事在人，成事在天"来安慰和鼓励自己。

7. 代替家长对孩子进行监管

有此家长认为，孩子到了学校就应由学校监管。家长有这个想法并不过分。他们把孩子送到学校来，照管孩子确实就是学校的责任了。落实到具体人头，那就是班主任的责任了。我向学生的家长承诺：只要你的孩子进了学校，我必护他周全！班主任把学生当自己的孩子一般在乎，家长又怎会心生怨念呢？

以上是班主任为满足家长需求所做的事。只要班主任做到了，就可以向家长提出合理的要求了。其一，要求家长每次开家长会都尽量参加。其二，要求家长晚上及周末都要主动督促孩子读书和写作业。其三，要求家长说话做事都要严守底线，不说践踏孩子尊严的话，不动手对孩子施暴。其四，要求家长周末假期能抽出半天时间陪伴孩子。其五，要求家长有事找班主任表达观点、提出建议，不可以在微信群或者QQ群释放负面情绪，扰乱大家的视听。

三、与家长进行非暴力有效沟通

好好与家长说话，不是让班主任使出浑身解数去讨好家长，也不是舌灿莲花卖弄口才，更不是巧言令色哄骗家长，而是用客观理性、温和坚定的方式与家长进行有效沟通。请看下面的案例：

小明连续三天早晨都迟到了，这不仅耽误了他自己的早读，还因此连累班级被扣了德育积分。班主任王老师提醒他一定要守时，他答应得好好的，可是第四天早晨小明还是迟到了。王老师非常恼火，想要打电话找小明的家长聊一聊这件事。他该怎么说，家长才能愉快地接受呢？

据我所知，小明的妈妈口齿伶俐、性子急躁，并且护犊心切，之前王老师因小明未完成家庭作业一事与小明妈妈有过一次失败的沟通。这次小明做了比未完成作业更严重的事情，王老师要怎样与小明妈妈沟通，才不会重蹈覆辙呢？我用非暴力沟通的方法指导王老师与小明妈妈进行了一次愉快且有效的沟通，步骤如下：

第一步，客观陈述。"小明妈妈啊，小明连续四天都迟到了，不仅耽误了他的早读，还连累班级被扣了德育积分。"（说话语气一定要温和，语速要缓慢，妈妈后面加"啊"，语音稍微拖长一些，就像是跟邻居大姐闲聊一般。王老师不带评价地陈述，小明妈妈听后就不会抗拒。）

第二步，说出感受。"小明老是迟到这件事吧，我心里也是挺难受的。"（一定要说自己的感受，千万别去揣度小明妈妈的感受。）"他耽误早读，影响学习，我很难受。迟到扣班级德育积分，我作为班主任也挺难受的。"（班主任真心实意地说出自己的内心感受，家长心里就会过意不去。因为家长绝不会愿意孩子的学习受到影响，也不愿意看到孩子的老师心里难受。）

第三步，表达需要。"小明妈妈，我也没别的意思，你别想太多了啊。"（小明妈妈是女性，内心可能比较敏感，很容易在电话那头曲解老师的用意，所以一定要给她做好心理建设，让她处在一个安全的语境中来听老师说话。）"我就是有点好强（高明的班主任都是自黑自嘲，绝不会随意评价别人），不想自己的学生比别班的学生差，我就想小明的成绩能更上一层楼，我也想我带的班级能成为优秀班级，在学校有一定的影响力，让每个学生都能以自己的班级为荣！"（班主任表达自己的正当需求，能引发家长的同理心，获得家长的支持。）

第四步，提出请求。"小明妈妈，小明呢，还没长大，意志力还不够强。"（在妈妈眼里，孩子永远长不大，加上小明妈妈护犊心切，与其让她暗自嘀咕，不如替她把反驳的理由说出来。）"要是小明早上起床有些困难，还要劳烦你多费心，早点催他起床，洗漱时动作快一些。你现在费点心思，等孩子长大了，你就享福啰。"（班主任提出正当要求，又有合理建议，家长就会很愉快地接受老师的建议。）

除使用非暴力沟通的方法与家长进行有效沟通之外，还可以使用"先感情，后事情"的方法与家长进行有效沟通。请看下面的案例：

钟老师班上的嘉诚很调皮，有一天他把班上同学志明的手给划了一条口子，而志明的妈妈又是一个脾气非常暴躁的人。如果这件事处理不好，那么志明妈妈肯定会到学校来吵。钟老师该怎样跟这两位家长说话，家长才能听进去呢？

第一步，钟老师分别跟两位家长套交情，感情到位了，再与家长聊事情。

第二步，钟老师先跟肇事者家长客观陈述嘉诚闯祸之事，前面与小明妈妈沟通的例子就包含了一些通用的沟通技巧，可参照使用。

第三步，钟老师再跟志明家长聊志明手受伤的事情。一是要强调嘉诚已经意识到了自己的错误，很后悔。二是要强调嘉诚家长很愧疚，要进行补偿。三是要强调自己工作有失误，很抱歉。

需要注意的是：钟老师千万不可强调志明的受伤不严重，问题不大，小事一桩；更不可以要求志明家长要大方一些，不要斤斤计较。

当班主任把家长当作合伙人、自己人以及需要帮助的人时，就能站在家长的立场设身处地地为家长着想，家长就会感念班主任的好，对班主任产生信任与依赖感，班主任与家长的关系就建立起来了。除此之外，班主任在与家长说话时，还需要注意以下几点：

1. 心情不好时，不要跟家长说话。

2. 真相没搞清楚时，不要跟家长说话。

3. 语言没组织好时，不要跟家长说话。

4. 家校关系没建立时，少跟家长说话。

5. 指责的话不说。

6. "甩锅"的话不说。

7. 越界的话不说。

班主任一定要记住一句话并且践行之：言出如箭，不可乱发！

四、班主任可以为家长做些什么

我个人比较信奉"说得好不如干得好"这句话。一句话说得再好，过耳就忘了。但如果能落实到具体的事项上来，就很容易让人看到和感受到。所以，班主任在学校里要代替家长照顾学生，并且帮助学生成为更好的人。班主任要做的事情特别多，我只是从众多事项中列举几项在家长看来最重要的事情供大家参考，其余大家都心中有数，无须我多讲。

1. 照顾好学生的身体

以前我最容易遇到这样的情况，家长对老师信誓旦旦地说："老师，我那孩子很皮，我把他交给你，你可着劲管教他，要打要骂随你，我一点都不心疼！"你可千万别把此话当真，真要是把孩子的身体给打疼了，家长心里就像割肉一般。所以，班主任要照顾好学生的身体。学生感冒发烧了、咳嗽呕吐了、头晕眼花了，班主任都要第一时间送校医室，并且还要第一时间告知家长。严重的，除在第一时间告知家长外，还要立即拨打医院急救电话。学生的身体第一，请永远要记住！

2. 呵护好学生的心理

现在的学生，心理压力大，因而心理疾病也越来越多。但是很多家长并不能接受自己的孩子有心理疾病这一说法。这给班主任的工作带来了巨大的压力，可我们又很难说服家长主动带孩子去看心理医生。这个时候，班主任就要承担起疏导学生心理的重任。班主任如果觉得自己很迷茫，无从下手，可以找心理健康老师或心理医生求助。

3. 助力学生养成好习惯

这一点已经是所有班主任的共识了。具体需要养成哪些好习惯，这个需要班主任自己去琢磨。拙作《一个学期打造优秀班集体》一书中有非常全面的习惯养成攻略。

4. 培养学生与他人相处的能力

这是相当重要的一种能力，班主任绝对不可以忽视。人是社会的有机组成部分，他们的社会关系必须通过人际交往来形成。不具备交往能力的学生，很容易把自己陷入寂寞与孤独之中，身心都会遭受重创。他们进入社会之中，不论是组建家庭，还是职场发展，都会遭遇若干阻力。因此，班主任一定要指导学生如何交友，如何与人合作，如何维持友谊等。

班主任为学生的成长付出了心血，学生也有了明显的改变，家长看在眼里，喜在心里，就会对班主任生出感激之情。情感生出来了，关系也就建立起来了。

五、班主任与家长交往的注意事项

虽然班主任与家长是合伙人的关系，但也有必须要遵守的边界。那么，班主任在与家长交往时，需要注意哪些问题呢？

1. 千万不要与家长发生物质上的关系

所谓"吃人嘴软，拿人手短"，班主任只要与家长保持物质上的清白，为人处世便都有底气。

2. 千万不要用教训的口气指责家长

班主任既然与家长是合伙人，是平等互助的关系，那么教训、指责家长的做法当然是不可取的，并且会严重破坏家校关系。

3. 千万不要在家长面前贬低你的学生

在家长面前贬低学生，其实就是贬低家长。换作谁，都会心生不悦。一旦家长心里长了刺，关系就被破坏了，再要建立健康和谐的家校关系就很费力。

4. 千万不要随意请家长来学校受训

按常理来讲，未成年人犯错，都是家长买单。但既然班主任与家长是合伙人，那就要共担责任。班主任能够处理的事情就在学校了结，不必延伸到家长那里去。能不请家长就坚决不请，能少请就决不多请。

班主任与家长建立健康和谐、互助互谅的关系有很多途径，我不过是抛砖引玉，告诉大家这些事很重要，且很有必要。至于怎样做更有效，我相信，高手在民间。我也相信，人的智慧有无限可能，只要你愿意去实践，必定能找到适合自己的办法。

第三章

如何解决带班中的各种问题

如何快速融入新班级

不管是中途接班，还是新建班级，班主任都要快速地融入新班级，以便顺利有效地推进各项工作。那么，班主任在快速融入新班级时，需要恪守哪些准则呢？

一、记住人，肯定人

这是班主任快速融入新班级的第一大准则。手头没人，且没有能干事的人，班主任就是"孤家寡人"，事情难做，人设难立。因此，班主任在与学生见第一面之前就应该把所有学生的名字牢牢记住。

我们可以置换身份感同身受地理解一下：假如我们身处某个团队，与团队负责人未曾有过交集，但见第一面时，对方竟然能准确地叫出我们的名字。试问，惊不惊喜？意不意外？感不感动？是不是由此对能准确叫出自己名字的负责人好感倍增？

我每次接新班的时候，都要提前把学生花名册打印出来，就算死记硬背也要把学生的名字背下来。其实，我的做法也不算是死记硬背。我会根据姓氏分类，还会把单名挑出来重点记，把一些含有特殊字的名字反复记。读音有些模棱两可的名字，班主任一定要查字典；感觉意蕴深远的名字，班主任还要特意挖掘一下其中深意。

比如商广博这个名字，组成姓和名的字单独看都不算特别，但名"广博"可以进行纵深挖掘：广博，一般指人所掌握的知识、学问广阔渊博。见到商广博，我就会说："商广博，你爸爸虽是商人，但酷爱读书，尤擅书法，咱们学校多处挂有你爸爸的书法条幅，所以我认为你爸爸是一位儒商。我相信他给你取名时一定是希望你成为一个知识深广且渊博的读书人，望你莫辜负他的期望。"

挖掘学生姓名深意，一定要积极正面。向学生表达时也要诚意满满，万不可随意挖掘，恶意调侃。比如广博之名，班主任若在大庭广众之下调侃：商广博，你可不要广种"薄"收啊！这样不但不能迅速融入新班级，还会导致师生之间产生隔阂。

记住学生名字后，班主任还要用心观察学生的长相，快速地将学生名字与其脸谱合二为一。课上课下还要多观察学生的言行举止。对于学生正面积极的言行举止，班主任人前人后都要给予肯定；对于学生负面消极的言行举止，班主任人前不予评价，人后真诚建议即可。由于此时师生关系还没有建立，不建议使用直接批评。有效批评必须具备三个要素：其一，稳定且相互信任的师生关系；其二，客观理性的批评策略；其三，学生主观上求上进。

教育学首先是人学，人的工作没有做好，其他工作都免谈。教育学也是关系学，一旦师生关系没有建立起来，一切都"有关系"。一旦建立了健康稳定的师生关系，一切都"没关系"。

二、做要事，做好事

班主任接手新班时，若想快速融入新班级，就要少说话，多做事，做要事，并且还要把事情做到让学生心服口服。

（一）报名注册

建议班主任事先列一个表格，把自己想要了解的信息都列在表格上。比如，姓名、性别、民族、性格、爱好、星座、血型、生日、崇拜的偶像、喜爱的颜色、爱读的书籍、喜欢吃的食物、家庭住址、父母姓名、手机号码、QQ号码、微信号码等。列多少项目没有定数，只要是自己想要了解的情况，都可以列出来，然后打印出来，人手一份。学生只要把这张表格填好，就算报名注册成功。班主任也就可以借助这份表格对学生有个全面了解。有效教育的前提就是全面了解学生，这个步骤绝不能少。

（二）带着学生一起搞卫生·

学生搞卫生时，班主任不可环抱双手作壁上观，而是要全身心地与学生一起干。班主任这种身先士卒的领导力对学生有很强的感染力，很多学生会因此受到老师的感召，主动拿起工具与老师一起干。

干活的目的就是告诉每个学生："我们在一起""我跟你们是一伙的""你们的班级也是我的班级""我很热爱这个班级，也很热爱你们"。当学生心中认定这个班主任就是"我们这一边的人"，班主任其实就已经融入学生群体了。

我与学生一起搞卫生时，收获的不仅是师生交融的和谐关系，我还可以通过搞卫生观察学生：哪些学生在家里受过训练，手上的活特别熟，特别靠得住；哪些学生喜欢干，但手不熟，需要训练；哪些学生是装样子，对真实的劳动生活并不喜欢，需要培养；哪些学生纯粹是凑热闹，只说话不干活，需要引导；哪些学生具有生活的智慧，哪些学生缺乏生活的智慧……只要学生行动，班主任就能从中获得很多有用的信息，便于今后有的放矢地开展工作。

（三）发放书本

这是一个体力活，应该交给男生来干。班主任一定要事前做好预设，把班上所有男生组织起来后，指名点姓地安排好他们的工作：哪些男生负责搬哪些学科的书，哪些男生负责发放哪些学科的书，哪些男生负责处理错发、少发、多发的书，哪些男生负责最后的清扫工作。分工明确，学生就不会推卸责任，也不会出乱子，整个过程迅速有序地完成，学生对老师就非常佩服。

（四）安排座位

既然是新班级，那就要体现出"新"的气象。既然是新学生，那就要制造点新奇出来。我事先把座位编上号码，贴在桌子的右上角，再把每个号码做成阄。跟谁坐，不由我说了算，而是由缘分说了算。缘分在哪里？在我做好的阄里。于是，全班同学开始抓阄，抓到哪个位置就坐哪个位置，抓到哪个同桌就是哪个同桌。抓阄的过程是紧张且备受期待的，拆阄的过程是刺激而兴奋的，按抓阄的号码找到自己的同桌是好奇而惊喜的。就是这个过程，这种心理，让每个学生的心与班级产生了千丝万缕的关系，而我，看着一张张或兴奋、或惊喜的笑脸，听着一声声或惊奇、或庆幸的叫声，也不知不觉地融入了新的班级。

（五）组建班干团队

组建班干团队的目的是让学生忙碌，让老师闲暇。学生忙碌，就没时间干乱七八糟的事，违纪现象就会减少。老师闲暇，才有心思去思考带班理念，打造班级愿景，才能把整个身心放在班级的建设上。老师只有把心思都放在班级建设上去了，才会真正融入新的班级。

三、上好课，陪好人

不管班主任的学历有多高，资历有多深，课上不好，在学生那里就没有威信。教学是教师的饭碗，无论何时都不能丢。因此，班主任要多花精力备课，多提升讲课技巧。不了解学情，就分析学生的试卷和作业，关注学生听课的状态，重视学生的课堂反馈。不知道怎样才能把课讲生动，就多听资深教师的课，多读教学实录，多看名师的视频课。

只要班主任的课上得生动有趣，知识点抓得牢，考点抓得准，学生就会服气。班主任不用特意去融入，学生就主动接受了。

除了把课上好，班主任还要花时间陪伴学生。陪伴是最长情的告白，这句话读起来感觉太文艺了，事实上学生真的很喜欢班主任陪着他们。在学生的认知系统里，班主任经常在他们面前晃，陪着他们，折腾他们，就是爱他们。

我经常对学生说，我是语文老师的时候，我的身份就是教练。所以我会训练我自己，也会训练你们。备课、磨课是自我训练，也可以说你们在训练我。讲课、测试、写作业，就是我在训练你们。只有通过双向训练，师生才能互相成就。因此，我每次上课都要强调我的课堂原则，师生在互相问好后都要喊口号：屏息凝神，洗耳恭听！

我是班主任时，我的身份就是导师。既要自我教育，也要教育我的学生。我会立足培养系统，教学生在做事之中成人，我也会把人生的智慧倾囊相授生。当然，我也希望我的学生能接受我、爱我、帮助我，让我能成为明师。

当我主动去上好课，陪好学生时，我发现学生就完全接纳我了，而我也在不知不觉中融入了学生群体。

四、学规矩，做好人

学规矩的目的是要告诉学生，班主任对他们有要求、有期待，绝对不会放任自流。每一个学生在客观上都希望班主任对他们放任不管，主观上又希望班主任对他们严格管教。所以，班主任要刚性推出制度，柔性实施。主观上，制度就是制度，每个人都必须遵守。客观上，若学生违反制度，班主任也要根据事情变通处理，用温和而坚定的态度去面对学生的问题。

我建议先让学生学学校的规章制度。班主任在带着学生学习学校制度时，要诚恳地告诉学生，老师并非要用制度来控制大家，而是帮助大家避免麻烦。既然学校有明确的制度要求，明知有雷区，我们干吗要去踩雷呢？主动惹祸上身永远是下下策，是极愚蠢的做法。

这样一说，学生对制度就不再抗拒，对班主任也不再抵触，而是觉得班主任特别贴心，在帮自己避免麻烦，在保护自己。

我所在学校有比较严苛的惩戒制度。比如，有不良行为的学生一旦被抓到，不仅要处分学生个人，还会牵连班级（当月文明班一票否决）。我让学生反复学习这些制度，并且经常提醒学生避开这些处分。文明班能否评上并不重要，重要的是学生不能受处分，因为一旦被处分，期末综合素质测评就有可能不达标。

我如此费尽心思地为学生避雷，他们又怎会讨厌我？他们心里都在暗自窃喜，觉得我对他们是真的好。虽然师生之间还不是特别熟悉，但感情是真挚的，于是，学生就对我产生了依赖感，我也很快就融入了他们的世界。

五、建关系，快融入

人类是比较注重关系的生物。没有关系，说得再好，人家不听，做得再好，人家也不看。尤其是学生，不喜欢这个老师，就算他的课讲得再好，都会听而不闻。因此，班主任接手新班级，若想快速融入，一定要用心与学生建立关系。

那么，怎样建立呢？

（一）要向学生主动示好

班主任是成年人，是班级的建设者，也是班级活动的组织者，更是育人的导师，甚至还可以说是学生的师父。学生来了，班主任高高在上，冷若冰霜，学生就会感到寒心，师生关系自然僵成冰。班主任绝对不可以让师生关系寒成冰，届时不管你开多少艘破冰船都无济于事。因此，班主任要敢于且勤于向学生表白：孩子们，你们太可爱了，老师好喜欢你们哦！孩子们，你们做得太棒了，老师太高兴了，爱你们哦！孩子们，你们的优秀，超出我的预期！孩子们，我太幸运了，你们比我以往任何一届学生都优秀……

不要觉得说这些话很肉麻，爱要说出口，要让学生听到，学生才能感受到。

（二）重视学生的需求

不同年龄段的学生有不同的需求。如果班主任看不明白，也猜测不到，不必闭门苦思，直接做个调查表，让学生诚实回答，问题就迎刃而解了。比如问学生：你喜欢什么样的班主任？你喜欢班主任上什么内容的班会课？第一次月考后，你希望班主任组织什么样的活动？对于座位安排，你有什么需求？对于课前演讲，你有什么想法？……

班主任只管把问题列出来，学生就能把答案写出来。这样一来不就知道学生的需求了吗？能满足的，一定满足；满足不了的，至少要给学生一个合理的解释。

（三）放下身段，走进学生的生命场

班主任要擅于用学生的话语体系与他们交往，让学生真切地感受到老师是懂他们的，是自己人。

之前我接手了一个初三班级。学生很高冷，对我爱理不理。要命的是，前任班主任还留在这个班给学生上课。下课时，他们与前任班主任谈笑风生，把我晾一边，我不知所措地像个大傻子站在那里。

然而我是个受挫后继续拼命往前冲的人。我就不信，我一个"努力到无能为力，拼搏到感动自己"的人还融入不了一个新班级！

于是，我每节课下课后都留在教室里听学生聊天，我想从他们的聊天内容中找到切入口，作为我破冰的"昊天锤"。功夫不负有心人，我听到女生们扎堆地聊一些明星，我就赶紧去做功课。等学生再聊明星时，我就赶紧过去搭讪，这一搭就搭上了。学生没想到我对娱乐圈竟然特别熟，对于当红明星的事情信手拈来。原本对我很高冷的学生突然转向，围着我说："哇，老师，你好潮，我们好爱你啊！"他们都主动爱我了，我岂有不爱他们之理？

那一年的教师节，有学生送我一张手工贺卡，上面写着一句让我特别开心的话：我们的班主任钟杰老师，不仅有好看的皮囊，还有有趣的灵魂，我们超爱她！

学生对我评价如斯，我岂有不融入这个班级之理？随后一年，我这个后接手的老师，即使在他们原来的老师面前，与学生的关系也非常密切。毕业之际，很多学生都说，虽然我只教了他们一年，但我就是他们的恩师。

如何建设班级优良学风

所谓班级学风，就是指一个班级相对稳定的学习风气与学习氛围，是学生总体学习质量和学习面貌的主要标志，是全体学生群体心理和行为在治学上的综合表现。

学风有优劣之分。优良学风中的学生群体表现为勤奋、自律、认真、求实、积极、上进、不甘落后。不良学风中的学生群体则表现为懒惰、放任、敷衍、作假、消极、落后、自甘沉沦。

学风能使学生受到潜移默化的影响。优良学风可以激发学生向上的精神动力。不良学风则会滋生出学生的颓靡之气。因此，班主任在班级建设中要把学风建设放在重要位置。那么，建设优良的班级学风究竟有哪些有效的方法呢？

一、制定明确的目标

唐僧取经为何能够成功？因为他始终坚定自己的目标——

去西天取经，从未改变。无论经历多少艰难险阻，遇到多少妖魔鬼怪，他都初心不改，目标非常明确。

在东京奥运会上，14岁的全红婵一跳成名，拿到了金牌，既为国争了光，也如愿挣了钱给妈妈治病。全红婵为何能在高手如云的奥运赛事中夺魁？个中原因当然很多，但不得不承认，小家伙的目标非常明确且坚定，那就是夺冠，挣奖金给妈妈治病。所以她才能忍受身体上的各种痛苦，咬牙坚持日复一日地训练，最终在奥运跳台上使出了"洪荒之力"，一举夺冠。

于个体而言，没有目标支撑的行动很难持久。于群体而言，没有目标的努力很难坚持。因此，班主任需要指导学生直面内在需要，为自己制定一个长期目标：考什么大学。中期目标：考什么高中（三年为一个阶段，要作为重点指导）。目标的描述可以是考哪一所普通高中或职业学校，也可以是学会某一种技能，还可以是变成一个什么样的人。"为人"方面的目标一定是学生众多目标中绝不可以删除的内容，不是可有可无的。短期目标为中长期目标服务，运用倒推法，罗列出每一学年学生应该做哪些事，完成哪些任务。这些具体的任务必须细节化描述，最好是用纸质形式呈现。

我目前所带的少侠一班，一共有49人。从初一上学期开始，他们每个人都为自己制定了中考目标（中期目标）。有6个学生立志考深圳四大名校，我对他们的要求就是四大名校学子的标准。还有10来个学生立志考深圳的一些区属名校，我对他们的要求就是区属名校学子的标准。剩下的学生一部分要考周边的普通高中或口碑较好的职校，我就努力去推动他们实现自己的愿望。学生定什么目标才合适呢？班主任要以学生的学习力、专注力、意志力以及知识基础来作为参考，不可随意拔高，也不可任意踩低。学生通过持续努力就能达成的目标才是最合适的目标。最后还要告诉学生，不管考哪一所学校，都得努力上进才有希望考上，躺平就只能等着被淘汰。不管老师熬多少鸡汤给学生喝，不把想法变成行动，再美也只是想象。

所以，班主任一定要指导学生制定合理的目标，并且天天念叨他们的目标，推动学生把达成目标的念想变成行动。这样一个班级才能形成比、学、赶、帮的学习氛围。

二、端正学习的态度

所谓学习态度就是学生对学习重要性的认同。一个人在什么情况下会对本应该完成的事情持无所谓的态度呢？要么没有找到读书的意义，要么体验不到快乐，要么缺乏效能感。因此，要培养一个学生的学习态度，需要从三个方面入手：

第一，自我追问。

带着学生自我追问：我为什么要读书？让学生拿出自己的笔记本，一条一条地把读书的理由写在笔记本上：

1.为了让自己在同学面前很有面子。

2.为了让父母感到高兴。

3.为了让老师开心。

4.为了让自己今后可以找到好工作。

5.为了让自己变得更聪明。

6.为了让自己的生活品质更高。

7.为了国家的繁荣昌盛。

8.为了可以走更远的路,看到更多的风景,吃到更多的美食。

9.为了能够独立思考。

然后再让学生扪心自问,认真审视,哪些可以删去,哪些绝不可以删去。学生只有找到读书的真正意义,才不会抗拒读书。不然就会出现"不谈学习母慈子孝,一谈学习鸡飞狗跳"的尴尬局面。

我求学时对待学习的态度极其端正,那是因为我一直想成为《第二次握手》里丁洁琼那样知性优雅的知识女性,我想要一种我真心想要的生活。除了读书,我没有其他改变命运的机会。这就是我读书的意义,也是我读书的动力。

第二,分解目标。

很多家长都跟我说:"我家孩子吧,读书不上心,读了也记不住。但是他玩个游戏吧,哪个环节都记得清清楚楚。看个电视剧吧,哪个情节都搞得明明白白,甚至还没放出来的故事情节,都能猜个八九不离十。"为什么会有这样大的区别呢?因为读书不如玩游戏和追剧快乐啊。那么,怎样才能让学生找到读书的快乐呢?唯一的办法,就是分解目标,让孩子稍稍努力就能完成,而不是经历了"头悬梁,锥刺股"才能完成。肉体这么痛苦,精神上哪还有欢乐啊?比如,学生在背文言文时，如果我一次性安排一篇既冗长又生涩的文言文让学生背诵，他们基本上就装"鸵鸟"了。问他们原因，他们就会用最屌的语言答出最坚定的答案："太长了，不会背，懒得背！"但如果我将文章分解成三四个节次，并且带着他们反复朗读，再用描述性语言给他们画三四幅画，最后还加上比赛环节，他们就乐在其中了，学生端正的态度也就出来了。

第三，及时认可。

学生是非常功利的。一旦他们觉得做了无效，或者做了也得不到认可的话，他们就不想做了。因此，老师在给学生布置学习任务时，要尽量考虑到学生的能力，让学生处在会做、能做、做了有效果的学习状态中。这样他们的自我效能感才会增强，对学习才不会抗拒，态度才会端正。

三、遵守严格的纪律

一个班，如果课堂纪律非常糟糕，班风就会很差，学习氛围就不浓厚，好的学风自然就没指望了。因此，班主任一定要严抓课堂纪律，要制定出有效的课堂管理规则，严格执行，认真落实。

课堂管理规则不适合长篇大论，内容太多学生记不住，条款太细老师执行难度大。少而精的课堂管理规则，好记，好落实。比如我带的班级，《课堂管理规则》只有五条，分别是：与本课堂无关的话不说，与本课堂无关的事不做，与本课堂无关的书不看，与本课堂无关的游戏不玩，与本课堂无关的心事不想。条款虽少，但足以把课堂上无关的事情全部挡在外面，能让学生把精力聚焦在听课和练习上。学生违规了，班主任就非常容易将学生对号入座，也很容易将学生从错误中拉出来。

这份《课堂管理规则》易操作，效果好。六步就可以把学生管理得服服帖帖。第一步，将《课堂管理规则》印制出来，人手一份。第二步，让学生抄写《课堂管理规则》至少五遍。第三步，利用课前时间熟读《课堂管理规则》。第四步，利用班会课背诵《课堂管理规则》。第五步，利用班会课默写《课堂管理规则》。第六步，随时抽问。

课堂纪律抓住了，班风和学风基本上就抓住了。

四、寻找有效的方法

我先说一个我小时候做面饼的故事。我小时候因为父母分居两地，我又是家中老大，所以必须要协助母亲解决生活中的一些麻烦。周末以及寒暑假，母亲都要我发面饼。发面饼的过程我很熟练，但做出来的面饼不是扁的就是方的，特别难看。我妈说："你想个办法，把面饼做圆，看起来舒服，吃着也愉快。"我心中叫苦，说："哪有什么方法啊，这个面是软的，我倒是想搓圆，但搓着搓着就扁了，或者方了，反正都是面饼，都是拿来吃的，扁也好，方也罢，都能填饱肚子，讲什么好看不好看。"我妈听了很生气，斥责道："任何事情都能找到更好的方法，你不去找方法，就是懒！"我屈于我妈的严苛，不得不去想办法把面饼做圆。

任何事情，你只盯着结果，就只能想着结果。但若想着有更好的方法，你就会去观察、思考、分析，最后一定能找到更好的方法，既能缩短时间，又能达成预期效果。我观察、思考了两天，真的找到了一个非常好的方法，可以把面饼做得跟十五的月亮一样圆，众乡邻对我夸赞不已。我找到了什么办法呢？我把面发好后，用擀面杖把面擀到面板上，然后用一个大碗的碗口朝面板上的面扣下去，使劲一按，再把碗拿开，一个圆圆的面饼就做好了。这件事给了我很大的启发，也就是遇到什么事，先不要急着去干，而是要想想用什么方法既省力又省时，还有很好的效果。做事如此，读书也是如此。

什么样的方法于学生而言是好方法呢？这不能一概而论。有些学生上课时适合一边听课，一边做笔记，有些学生只须认真听即可，有些学生不仅要听，还要开口读。每个学生都是不同的个体，只有帮助他们找到适合自己的方法才有效。

除了寻找适合个体的独特方法，班主任还可以针对全体学生采用定期复习、批注阅读、分解内容、每日小测、每日一题的学习方法。这些方法都可以不同程度地提高学生的学习成绩，增强他们的成就感。

五、培养浓厚的兴趣

有人说，兴趣是最好的老师。我当然也赞同这句话，不过我比较喜欢在后面接上一句话：责任是更好的老师。只做自己喜欢的事，说白了，其实就是懒！有多少人，做的并不是自己喜欢的事，但最终都做得很成功，并且还做得兴趣盎然。这说明什么？说明兴趣是可以培养的。

那么，如何培养学生对学习的兴趣呢？

首先，学生要认同一个观点，即学习是一件必须要完成的事情，是属于自己的事情，与他人无关。若不认同，即使是聪明的学生，对学习也无甚兴趣。怎样才能说服学生从内心真正认同这个观点呢？那就是让学生去体验，去解决问题。比如给他们开一个初中肄业的证明，让他们去找工作。给他们一份合同，让他们找出其中的漏洞。他们往往是刚开始信心满满，最后铩羽而归。不走出学校去了解社会百态，不亲自解决问题，他们就会觉得一切都是应该的，而真实的社会，与他们在书本中看到的、脑子里想象的，差距很大。

其次，要培养学生的责任感。除了少数人读书会感到幸福，绝大多数人都觉得读书是件苦差事。但为什么还是有很多人在孜孜不倦地学习呢？因为责任使然。一个对自己不负责任的人，是很难在学习上全力以赴的。怎样才能培养一个人的责任感呢？那就是让他做事。事情做得多了，找到了方法，摸到了窍门，获得了成就感和认同感，责任感自然就生出来了。

最后，要帮助学生体验到学习的快乐。以前我们总爱说"失败是成功之母"，今天我要改成"成功才是成功之母"。一个学生，总是被失败包围，老师只是劝慰"失败是成功之母"，却没有教他们怎样找到成功，那么这个学生始终都会活在失败的阴影中，也会变得越来越消极。老师要根据每个学生的学力，给他们设置合适的阶梯，让他们一步一步朝上跳；而不是强人所难，给他们设置一架一望无际的天梯，让他们一开始就拒绝爬梯子，永远都体验不到爬梯子的快乐。

这里我要申明一下，我说的这些学生，都处在正常智力水平。义务教育阶段，每个班级或多或少都有一些特殊孩子。对他们的教育，需要通过特殊手段进行干预，常规做法很难见效。关于这一点，可以请教特教老师。

六、树立学习的榜样

谁可以成为学生学习的榜样？首先，班主任必须是学生的榜样。我与美国的雷夫老师同台讲过课，聊过天，他最提倡的做法就是榜样教育。他年复一年地守住他的第56号教室，每天早出晚归，即便是周末，也在学校与学生一起学习。他要求学生做什么，他自己就先会做到。自己做不到，就没有资格要求学生做到。我非常认同雷夫老师的观点，并且还身体力行做到了。我要求学生读书，我自己就是一个非常勤奋的读书人。我要求学生写作文，我自己就是一个笔耕不辍的人。我要求学生写作业，我自己也跟学生一样按质按量完成了作业。我要求学生搞好教室的卫生，我自己就常常在教室里搞卫生。我要求学生学会与他人建立关系，我自己就从来不对学生以及其他同事进行价值判断。因为我在每一件小事上，每一个细节上，都把自己当作教育者，进行全过程育人，尽力起到表率的作用，所以学生就特别佩服我，他们就很容易听进去我的建议，很愿意去落实我的要求。

其次，挖掘学生群体中的榜样人物。青春期阶段，朋辈影响大过师长的影响。因此，班主任一定要在班级里找出学习方面的领头羊，让这些领头羊发挥带动和引领的作用。少侠一班有三个孩子学习能力很强，学习效果也非常明显。他们不仅聪明，还有非常明确的目标，更有非常高效的方法。我让他们三个人做了少侠一班的领头羊，其中一个是班长，两个是学习委员。我要告诉所有的学生，在一个群体里，只有努力且优秀的人，才能成为团队的老大，他们是大家学习的榜样。因为有这些榜样在起作用，所以少侠一班的中等生就比较努力。后进生学起来虽然很吃力，但不拉班级后腿，不破坏班级学风。

人是很容易受环境影响的生物，因此学习氛围非常重要。为什么深圳的中学生挤破头都想考进深圳中学呢？并不是因为深圳中学的老师个个是高手，而是因为能进到深圳中学的学生都是深圳的人尖。他们有超强的大脑、明确的目标、高度的自律，并且他们的执行力和学习力都很强。这些学生一旦碰头组建成新班级，班风和学风就特别优良。一个人在优良的班风和学风下熏陶三年，会差吗？一般学校当然难遇这些人尖，但如果班主任能重视学风建设，依然可以改变很多学生的命运。

如何在不同的班级中形成自己的带班风格

坚守杏坛多年，我一直做着班主任工作。在这看似漫长实则短暂的工作经历里，我有时会被学生气得七窍生烟，甚至还会被学生怼得哑口无言，但也会被学生哄得欢天喜地，甚至被学生感动得热泪盈眶，剩下更多的则是相互陪伴的充实和快乐。从带第一个班数起，不论班级是否完整，我一共带了17个班。就是这17个班，极大地影响了我的个性，促进了我的专业成长，形成了我独特的带班风格。

从我的带班经历来看，我觉得除班主任本身的性格会影响带班风格外，更多的还是不同班级的打磨使得每个班主任形成了自己独特的带班风格。就我来说，形成自己独有的带班风格，经历了如下七个阶段。

一、第一阶段（1991—1993年）：凭借感觉，本能带班

1991年，我中师毕业，学校安排我负责初二年级一个班

的语文教学兼班主任工作。我没有初为人师的喜悦与激动，也没有那种"我是人类灵魂工程师"的自豪与崇高，更没有那种坚守讲台、唤醒灵魂、成就自我的雄心与壮志。我有的只是对环境的抱怨，对工作的懈怠，对领导的不满，对学生的厌烦，对命运的不甘……总之，我觉得我是天底下最倒霉的人，为啥呢？因为我压根就不想当老师！

从小到大，我心里都装着两个梦想：自由撰稿人和服装设计师。我勤奋刻苦，一门心思地想考大学，都是为了实现藏在我心中的两个梦想。可是，中考填报志愿的时候，我的父母和老师没有经过我的同意，擅自给我填报了中师。对于这个起始学历，我一直意难平。虽然我后来通过自考获得了大学本科学历，但我终究没有上过全日制大学，这成了我一辈子的遗憾。因此，我也怨恨了我的父母和老师很久。20世纪80年代，优秀的尖子生才能考上中师。当时我所在的整个年级，也只有我和另一个男孩考上了，比现在考985、211大学都难。

虽然我以全县第一名（笔试加面试）的成绩进入了师范学校，但我心中没有半点喜悦。我之所以在极不情愿的情况下还能努力地学习，并非想要学好本领以便将来做一个优秀的教师，而是谋划着为今后的改行添加筹码。

尽管我不愿意做教师，但最终我还是没能逃脱做教师的命运。我带着心有不甘的心态走进教室，是绝不可能营造出温馨和谐的人际气氛的。我还记得有一次上课，我有气无力地对学生说："把练习作业拿出来，今天咱们评讲作业。"刚说完，就有一个叫梅政凯的男生搭腔了："讲嘛，不讲白不讲，讲了当没讲。"我本来对当教师就心怀不满，一直想找个出气筒来发泄一下，正好有个学生撞上来了，不找他找谁呢？于是我从讲台上走到那个搭话的学生旁边，"啪啪"打过去干脆利落的两记耳光，狰狞地笑着说："不打白不打，打了当没打！"挨了打的梅政凯捂着脸，满眼的惊恐，低着头，不敢吱声，其他学生大气不敢出。从此，但凡是上我的课，教室里没有一点声音，死一样寂静。那种寂静就如同死水里的腐臭，让我和所有的学生感到压抑和不安。

如果没有遇到菊花飘香的季节，我想我的教育人生一定是充满黑暗和恐惧的。这辈子，我不可能成为一名优秀的班主任，更不可能在班主任工作领域享有一定的知名度。那么，究竟是什么事解开了我的心结，从而让我乐此不疲地在教育领域耕耘至今呢？

我从9月初熬到10月底，每天与乡野的孩子做伴，真是无聊透顶了，恨不得插翅飞走。可是，我能往哪里飞呢？彼时，我的世界很小，不要说飞去海南、深圳，就连离我最近的成都也没去过。

苦熬到11月，校园周围，田野里，山崖上，到处都是金黄的野菊花。淡淡的菊香浸入我的鼻腔，渗入我的心脾，穿行在我的五脏六腑。我的心情好了许多，我开始对学生有了一丝笑意。

我吝啬的给予竟让学生看出来了。讲台上常有一大瓶金灿灿的野菊花，那些菊花肆无忌惮地开着，无所顾忌地释放着它们的幽香，学生们都笑盈盈地望着我，我的倦怠一下子被这情景冲走了。我的眼睛有点湿润，坚硬的心开始软化。

那个被我"修理"过的梅政凯竟然小心翼翼地来到办公室，嗫嚅了好一阵才说："老师，星期六我们约你去采野菊花，你去不去？"我随意地答道："那就去吧。"见我答应了，梅政凯满心欢喜地蹦跳着回了教室。

星期六一大早，我还在床上睡觉，梅政凯就和几个同学来约我了。我本想不去了，随后一想：出去散散心也好。

尽管梅政凯的个子比我高大，但他还是孩子气十足，一边走，一边和其他同学打闹，还在路边捉一些小昆虫让我看。我问梅政凯有多大了，他自豪地对我说："我十七岁了！我妈说我是大人了，要宽宏大量，不要记仇，要帮助别人。"我心里顿时涌起一种负疚感，他只比我小两岁，却要挨我的打，挨了打还想着要宽宏大量，不记仇。我又问梅政凯怎么取这样一个名字，他兴致颇浓地给我解释："我出生的时候，梅花正开得欢，我又姓梅，我爷爷说就取'梅正开'，可我妈说这个名字太女性化了，就改成'梅政凯'。"

梅政凯热切地对我说："老师，我要采很多野菊花回去，把它晒干，一些给你泡茶喝，一些装在枕头里，我妈说喝了这个茶声音好，睡了这种枕头对眼睛有好处。老师，你是近视眼，正好可以医你的眼睛。"我的眼睛又湿润了，暖意不断从我的心房涌出来。我那潜藏心底的暗疾竟然被梅政凯治愈了。

自那以后，我不再自怨自艾，也不再牢骚满腹。我每天除了认真上课，就是和学生玩，与他们一起跳绳、修房子、躲猫猫。春天，我和学生一起到田野里挖野菜，到油菜田里捉迷藏；夏天，我和学生到河沟的青木树下拾菌子；秋天，我和学生到山野里采集那黄灿灿的野菊花；冬天，我和学生一起奔跑以御寒。我们就像一群快乐的鸟，整日飞来飞去。

说实话，我那时候根本不懂得如何规范有序地去开展班级管理工作，更谈不上专业化地去诊断班级里的问题学生，更多的是随心所欲，凭借自己的感觉本能在做班主任。由于学生的年龄跟我的年龄相差不大，我大多数时间都是在和他们玩，甚至有时还玩得吃住都在学生家里。不承想，两年下来，这个班不但没有出现任何问题，中考的时候还考出了理想的成绩。事后校长跟我说："你来报到时，我就看出你并非真心想当老师，所以安排了一个差班给你。带好了，功德无量；带不好，也无所谓。哪知这两年你像个疯丫头一样跟学生疯玩，竟然还把一个差班玩成了好班，还考出了我们做梦都没想到的成绩。"

后来我一直在想，我现在能保持童心，能宽容大度，能和学生顺畅地沟通且打成一片，应该是那淡淡的菊香温润了我的灵魂，旷野的追逐嬉闹滋养了我的童心，学生的纯朴和真诚孕育了我的宽容，毫不设防的师生交往教会了我如何换位思考、如何真诚地走进学生的内心。

说到底，我成长的真正推手，应该是我的学生。我能取得今天这样的成绩，是我的学生教育和成就了我。

二、第二阶段（1993—1997年）：恩威并施，拼命带班

1993年，我调到了我丈夫的学校。由于调进的时候遭遇了一些阻碍，分班的时候生源也被别人动了手脚，所以我的压力特别大。自然，心里也就埋下了不服输的种子。

调动中遭遇的阻碍就不说了，用人单位在不了解我的情况下，心中有疑虑也是正常的。让人难过的是，分班的时候，另外一个班主任欺生，把分给我的优生调换了。如果说这算是一种欺负，那么接下来发生的一件事在我看来则是一种羞辱。

有一个女生分到我班上，已经坐在教室里读了两三天书。可她的哥哥硬是跑到学校大吵大闹，要求换班，理由就是我一个新来的老师，教学经验不丰富，不能拿他的妹妹做"小白鼠"。尽管学校领导出面调停，但那个女生的哥哥无论如何也要让他妹妹换班，否则就要转到其他学校就读。学校领导没有办法，只好把坐在我教室里的女生给换到另外的班级去了。

这件事对我的刺激很大。我发誓一定要带一个优秀的班级出来，不能让我的领导、同事及学生家长小看我。

虽然我鼓足了大干一番的勇气，但当我走进教室面对那帮学生的时候，我还是深深地失望了。由于分班的时候，优秀学生都被换走了，剩下的不是"捣蛋鬼"，就是"惹祸精"。面对这样的学生，我想，我再像以前那样跟他们疯玩，只怕最后就要"玩火自焚"了。怎么办？俗话说"看客下菜碟"。既然

我的学生惹是生非的多，那么我也就没有必要跟他们客气。先给他们一个下马威，抖抖我的威风再说。

于是，我制定了严格的惩罚措施。比如，迟到的学生除了放学要补课，还要被罚跑操场或者罚扫地；上课不认真的学生，轻则挨批评，重则贴墙壁；不按时按质完成作业的学生，就要做双倍的作业；等等。由于制度严苛，并且又能执行到底，再加上我性情率直，说一不二，做事雷厉风行，凡事亲力亲为，学生的那些小动作、鬼把戏，没有一样逃得了我的法眼，因而学生就特别害怕我，不得不按照我的要求去做。

我还记得有个叫学文的孩子，他很不喜欢学习，并且特别没有规则意识。只要离开老师的视线，他就要捣乱，不仅在班里捣乱，还要溜到校外惹是生非。有一次上晚自习，我刚转身回家拿个东西，他就滋扰同桌，和同桌打了起来，还把同桌额头打了个洞。待我妥善处理完这件事后，我几乎把他拴在了我的"腰带"上，从周一到周五，除了吃饭睡觉上厕所，他都没离开过我的视线。这样耗时耗力的监督把我们师生两人弄得几近崩溃，但我始终咬牙强忍着，毫不放松对他的监督。最后，学文终于忍不住了，向我告饶道："老师，你饶了我吧，从今往后，我要是再犯错，我就不是人！"

学文没有食言，自那以后，他不仅不再违规犯错，还把平时伙同他一起惹是生非的同学拉回了正道。现在，学文在成都上班，娶妻生子，小日子过得很滋润。只要提起我，他都会感激地说："要不是钟老师，我早就成了街头混混了，哪有现在的幸福生活啊！"

不仅学文这样说，这个班很多学生都这样说，没有我，就没有他们的今天。

1996年6月中考，这个班一举夺魁，考出了全区综合评估第一的好成绩。同年8月，校长找到我，说我带班能力强，尤其是带差班很有一套办法，所以安排我再带一届初三。当时我已经怀孕，学校给我的又是一个"问题班"，所以我执意推辞。可校长坐在我家里不走，跟我诉苦，说要是我不接手这个班级的话，就要流失很多优质生源，会影响学校的发展。无奈之下，我只得铤"儿"走险。

因为带的是"问题班"，所以我照样重拳出击，强悍管理。即便最后腆着个大肚子，我对学生的管理也毫不放松，对他们的违规行为也决不手软。

1997年中考，这个班再创辉煌。当我端着庆功酒穿梭在祝贺的人群中时，我并没有得意忘形。我脑子里始终在问自己，我为什么取得了成功呢？仅仅是我的坚持到底吗？仅仅是我的强悍管理吗？

我承认，我对学生的要求很严格，但我的严格并非没有尺度，也并非无情。我就像一个大姐姐一样对他们呵护备至。我对学生既有雷霆手段，也有菩萨心肠。每个学生都得到了我细致周到的照顾。这也是若干年后学生始终铭记我、感激我的原因所在。

那个时候农村学校条件非常艰苦，住宿条件很差，连一张像样的床都没有。每个学期开学,学生都要从家里自带木板、竹竿、稻草来铺床。我不仅要帮学生铺床,还要帮他们缝被。学校的饮水条件也很差,虽然安装了自来水,但经常停水。学生没有水蒸饭,我就给他们挑水。学生的饭没蒸熟,我二话不说,就生火为他们做饭。学生上学途中淋雨,我会及时找来干净衣服为他们换上,或者用电吹风帮他们把淋湿的地方吹干。夏天,我每天都会熬两大锅清热解暑的中药水,凉了后供学生喝。冬天,我为学生织毛衣、刻试卷,手脚生满了一串串葡萄似的冻疮,又痛又痒。哪怕我身怀有孕,除了不挑水,对学生都是照顾有加。我是1月20日的预产期,19日还在上班,连领导都看不过去了,说:"你就休息吧,眼看就要生了,别操心了。"

我以为这些付出只有我自己知道。哪知十年后的学生聚会,他们嘴巴里说的,没有一句是我在课堂上教给他们的语文知识,也没有一个人抱怨我批评甚至处罚他们的事情,他们津津乐道的是我对他们的好。他们还感慨万千地说,这辈子遇到我这样的老师真是有幸。甚至还有学生担心地说,不知道他的孩子能不能遇到像我这样又细心又负责的好老师。

这就是学生,老师对他的伤害,若干年之后,他都忘记了,而老师对他的哪怕是一丁点的好,他都铭记在心。

以我现在的带班理念来审视这个阶段的班主任工作,我纯粹就是在拼时间和体力。我没有所谓的管理育人、文化育人等教育理念,有的只是争强好胜,急于证明自己。我唯一感到庆幸的是，因为我真心喜欢学生并乐意为他们付出，所以学生对我的依赖大于怨恨。同时我也很幸运，我当初遇到的学生都是一些心理健康且秉性纯良的孩子，因此，我那恩德不足、威严有余的带班风格才没有为我招来麻烦。

三、第三阶段（1997—2002年）：温和坚定，情感带班

由于在1996年、1997年连续两年的中考中，我带的班都取得了辉煌的成绩，1997年9月，我被调到镇级中学。

在镇中学，我带了两届学生。这个阶段，我做了母亲，以前性格中的泼辣、犀利都随着孩子的咿呀学语不见了，取而代之的则是温情脉脉。以前，我看到学生，多半会恨铁不成钢、咬牙切齿；做了母亲之后，我看到学生就会心生欢喜。

我还记得我带99届时，由于是中途接班，班上的学生起初对我有些排斥。面对他们的怀疑与敌视，我竟然没有一点火气，而是默默地身体力行地为学生们做着各种事情。在言语表达方面，我也一改以往的犀利，不管学生如何对我，我都温和地与之交流。半个学期下来，每个学生都真心接纳了我。

课余的时候，我也喜欢把我的儿子带到教室或者办公室。那些学生看到我那咿呀学语的孩子，喜欢得不得了，一有空，就抢着来帮我带孩子。直到现在，毕业已经二十来年了，这些学生只要看到我或者是打电话给我，第一句话都不是向我问好而是问我儿子的情况：点点（我儿子的乳名）怎么样了？每一次听到这样的问话，我都会既嫉妒又喜悦。

因为我的温情和勤勉，再加上有个可爱的儿子经常出入我的班级，我与这一届学生的相处可谓是鱼水情深。尤其是中考前的那一个学期，我和学生的感情简直是到了互不相离的地步。为了让他们安心地学习，我几乎为他们解决了一切后顾之忧。比如，我每天早早地起床为住宿的学生煮鸡蛋，每天中午我都会烧几锅开水凉着，下午提到教室让他们喝了清热解暑。班里有十多个住宿的学生，离家远，生活差，晚上下了晚息还舍不得回宿舍休息。看着他们勤奋而疲惫的身影，我是真心疼啊。于是，我准备一些面点，拿到宿舍，让他们加点餐，垫垫肚子好睡觉。20多年过去了，那些曾经在晚上吃过我的加餐面点的学生，始终忘不了我对他们的好。有一个学生曾经对我说："老师啊，工作之后，我也到了很多地方，吃了不少美食，但我始终记得你做的蒸饺是最好吃的。"

99届学生虽然是我中途接班，但我把他们都当自己的孩子来对待，也因此赢得了每个学生的爱戴。而学生又把对我的爱戴转化为学习的动力，所以，那一届学生的中考成绩，创了全区新高。几乎每个认识我的同行都会羡慕我，夸赞我。

而2002届学生，更是让我真切地认识到：把师爱做到极致，教育才会走向极致。

平心而论，2002届的学生是我为师以来，遇到的个人素质以至集体素质最高的一届学生。全班共64个学生，几乎每个学生都能写一手漂亮的字。我还清楚地记得，初一上学期期末测试，数学成绩90分以上的学生就有40多个，而我教的语文，不论何时测试，没有一个学生不及格。语文功底再差的学生，都能考70分左右。这些学生不仅学习能力强，生活习惯、行为习惯也非常好。更难得的是，全班学生整体上性格温和。

面对这样的学生，脾气再大的老师，也不可能乱发无名火。我想，我的性格之所以能由急躁转化成温柔，跟这个班级的学生性格是有很大关系的。

在我的带班生涯中，我认为带2002届学生是最轻松的。因为他们温和，所以我整天也是乐呵呵的；因为他们的学习习惯好，所以在教学上我也颇有成就感。我每天做的，就是友好热情地与他们相处，设身处地地为他们着想，耐心地等待着他们成长。当然，我也会明确地告诉他们我的梦想。我每天都在追逐梦想。我不仅口头上描述我的梦想，我还把自己的生命姿态变成了奔跑的姿势。不论是在教室，还是在办公室，我的学生都能看到我孜孜不倦学习的身影。也就是在这三年时间里，我学完了大学本科课程，拿到了汉语言文学教育专业的本科文凭。

现在来看，2002届学生上大学的最多，其中不乏有硕士、博士。从就业情况来看，有大学教师、公务员、企业高管等。我曾经玩笑似的对一个女孩说："女孩子读那么多书干什么呀？谨防有一天读成剩女哦。"这个女孩子马上反驳道："老师，你是我们的精神领袖，你比我们年纪大，你都在追逐你的梦想，我们为什么不趁现在年轻努力去追逐自己的梦想呢？"

回想过去，这五年时间应该是我教育职业生涯中最为得意与辉煌的阶段。究其原因，除了学生本身素质高，我认为最重要的还是我有了一颗真正的爱心。"没有爱就没有教育"，这是一句在教育界流传非常广泛的名言。不过，我始终认为，光有爱心是不够的，爱心装在心里学生看不见，挂在口上靠不住，学生真正需要的是老师行动上表示出来的爱心。比如，学生失败了，老师投来一个鼓励的眼神；学生受委屈了，老师给一个温暖的拥抱；学生犯错了，老师说一句贴心的话；学生生活物资短缺了，老师会毫不吝啬地帮助；学生在成长的过程中遭遇了困惑，老师真诚地走进他们的内心助其脱困。

除此之外，我每个周末都要下村家访。2000年前后，已经有很多农民涌进城里打工，他们把子女交给父母看管。我教的学生95%都是留守儿童。我怕男孩子周末无人管教变成野孩子，我更怕女孩子被一些留守在家的老男人欺负。于是，我带着我的先生和孩子从这个村落走到那个村落，叮嘱男孩认真完成作业后帮爷爷奶奶干农活、做家务；嘱咐女孩一定要学会自我保护，坚决不要到单身男性的家里去，如发现身边有男性对自己图谋不轨，要第一时间告知我，我必定尽全力保护她们。

我在农村学校做了18年班主任，带的绝大多数学生都是留守儿童。但是在我的学生中，男孩没有一个去犯罪，女孩没有一个被欺负。

我始终认为，一个把师爱做到极致的班主任，长期用真情去浇灌学生的心田，即便不专业，即便只靠感情，也可以把班级带得风生水起。

四、第四阶段（2002—2008年）：学会放手，民主带班

这个阶段，是我教育理念的质变时期。我阅读了大量的教育类书籍，如郑杰的《给教师的一百条新建议》、万玮的《班主任兵法》、王晓春的《问题学生诊疗手册》、李镇西的《爱心与教育》、魏书生的《班主任工作漫谈》、陶行知的《陶行知教育文集》等。由于大量接触教育类书籍，我学会了反思。反思的结果是，我以前带班虽然小有成就，但那只能算是我的运气好，或者说是我的性格因素起了重要作用，我其实并未触摸到教育的本质。

这一反思让我吓了一大跳，以前的沾沾自喜、狂妄自大，还有所谓的成就，都是井底之蛙的自我鸣唱罢了。

于是，我决定在治班之道里糅进民主的元素。正如李镇西老师所说，我们要为未来社会培养合格的公民。那么什么是合格的公民？一味顺从、盲目听从的学生，就是合格的公民吗？如果我的学生都成了没有思考力的顺民，那么我兢兢业业做一辈子教育，岂不是在用一颗善良的心干害人的事吗？

如何在治班之道里糅进民主的元素呢？我先得让学生弄清楚民主是什么意思，为什么要在班级管理中实施民主管理这些问题。

我对学生说："咱们以前搞的是一言堂，都是由我来决定班级如何管理的，不仅我受累，你们也很被动。从现在开始，我们要实行新型的管理办法，那就是要在我们的班级管理中加

进民主的元素。简单地说，就是在我们的班级内，按照平等和少数服从多数的原则来共同管理我们的班级。需要注意的是，民主是以多数决定的同时尊重个人与少数人的权利为原则。因此，从现在开始，我要把班级还给大家。凡事我们都商量着办，不由我一个人说了算，也不由某一个班委干部说了算。"听到我这么说，学生都高兴得欢呼起来了。看来，我原来的做法实在令他们太压抑了，早就有了逆反的心理。

自从班级管理理念重新定调之后，我就尽可能地把班级还到学生手中，事无大小都经过全班商量，再由班委会商议后决定。当然，前提是尊重每一个学生的利益。不能因为多数人的意见而让少数人的利益受到损害，这是民主能得以实施的前提条件。

果然，实施民主管理之后，班级问题少了很多，学生也迅速成长，我也轻松了许多。不过有一点需要提醒，那就是班主任要有心理准备，既然要搞民主管理，那么班主任就要把民主思想深深地扎在脑子里，不能嘴巴上说民主，实际上又搞另一套。这样一来，学生就会认为你这是假民主，反而会降低班主任在学生心目中的威信。

我还记得有一次班上的小明同学与外班学生打架。我很生气，抓住他就是一顿疾言厉色地训斥，然后就叫他请家长到学校里来。谁知小明反驳我说，请家长的事还要经过班委会讨论才能决定。我一听气不打一处来，厉声说道："我是老师，还是你是老师？惹是生非，打架斗殴，性质这么恶劣，还需要班委会讨论？我说了算，下午给我把家长叫来！"小明看我语言凌厉，态度强硬，不敢跟我顶嘴，唯唯诺诺答应了。

中午的时候，班长来找我了，说："老师，你自己说的实施民主管理，凡事都要商量讨论。小明打架是不对，但里面有内情。你不了解事情的真相，又没让班委会讨论，就擅自做主了，这好像不是民主的做法哦。"我一听有理，于是惭愧地说道："我也是气急之下说出来的，那么你说说看，小明打架的内情是什么？"

班长说："小明在寝室里和大家聊天，三班有个外号叫'花豹'的学生走到我们班寝室，说看不惯小明的样子，抬手就给了小明一耳光。小明在大庭广众之下莫名其妙地挨了一耳光，感到尊严受到沉重打击，所以才还手的。我们都觉得，一个男人应该为维护自己的尊严而勇敢还击。"

听完班长的讲述，我陷入了沉思。是啊，情绪化的表达，不问真相的判断，专横霸道的思维模式，怎么不让我陷进假民主的怪圈呢？

事后，我在班上向学生道了歉，说自己缺乏真正的民主思想，需要重新补课，也需要大家的监督以及真诚的帮助。实施班级民主管理，班级人际氛围的确健康了很多。以前那些自以为是的道德评判没有了，那些由我说了算的专断思想也逐渐减少了。不过，由于学生素质良莠不齐，班主任在实施班级民主管理的同时，一定要做好自我监测，万不可滥用"民主"做出一些伤害学生的事情。

在班级管理中糅进民主的元素，特别能培养一个老师的耐心。因为一切都要尊重大家的意见，而班级里又有那么多个性迥异的孩子，所以要有极大的耐心去等待他们。现在，我很多同事都会不解地说："你怎么有那么好的耐心啊？真是少见啊！"是的，我的耐心确实很好。不管学生犯多大的错，给班级造成多大的损失，我都只会平静地告诉学生：我很愤怒，我很难过，我很伤心，我很失望，但我不会火冒三丈。接下来，我会和学生一起分析我们失误或者失败的原因，然后，站起来，抹干眼泪，收起悲伤，重新往前冲。我最喜欢跟学生说俞敏洪曾说过的一句话：跑得快不如跑得久！也正是因为有了耐心，所以我才顺带生出了一颗坚持的心。为了能让自己快速地成长，从2005年到2008年，我敲击键盘，写了近78万字的教育叙事。后来整理成书，出版了关于问题学生的教育专著《教育西游记——我和"后进生"的故事》。在这本书里，读者一定能从字里行间读出我的童心、细心、爱心、耐心以及坚持心。而这一切，都是我的学生、我的班级赐给我的。

由于民主治班理念的渗入，再加上我的用心，两届学生在中考中都考出了理想的成绩。尤其是2005年，可谓教育丰收年——我所带的班级被评为四川省资阳市先进班集体，所任教的语文教学业绩居全校之首。我也因此顺理成章地评上了"中学语文高级教师"的职称——这可是农村中学所有教师的梦想！

五、第五阶段（2008—2011年）：不断追问，科研带班

这是我教育职业生涯中最为颠沛流离的三年，同时，也是我最逼近教育真相的三年。因为，我已经由一个教书匠蜕变为一个为追逐教育理想而孜孜不倦的教育行者了。三年时间，我在三个地方带了三个不同的班级，获益无数。现在分别陈述如下：

2008年8月21日，我携子离开四川，历时三天，来到海南省海口景山学校海甸分校，从此开始了我的"教育航海"，演绎出了一曲曲或动听，或悲伤，或成功，或失败的生命交响乐。我以"教育航海记"为主题，写了40万字的教育反思，后整理出版了《治班有道——班主任智慧手册》一书。

如果读了我的帖子《教育航海记》，或者读过我的书《治班有道——班主任智慧手册》，就一定知道这个阶段的我，已经不是以前那个靠感觉、耍手段治班的我了。我已经能用科研的眼光来看待我的学生，用科研的思想来管理我的班级。学生犯错了，我不再像以前那样，迫不及待地问"怎么办"，而是冷静地寻找"为什么"。班里不论出现什么问题，我都会去思考：为什么会出现这样的问题，原因在哪里呢？我不停地追问，不停地去寻求真相，坚持不懈地朝教育的真相漫溯。由于有了这样的思想，很多看起来匪夷所思或者是难以解决的问题

都得到了较好的解决。

当初，我把带奋进班的教育故事挂在论坛上，很多朋友都为我捏着一把汗，担心我一个弱女子怎么对付得了一群调皮大王。事实证明，我不仅"对付"得了那群调皮蛋，我还把他们"收拾"得服服帖帖。我离开海南的时候，学生们哭得很伤心。其中最让人头疼的尤玖，说我是"黑暗里的一盏明灯"，为了我，他改掉了身上的缺点。他说，有一天，他一定到四川找我，亲口告诉我，他已经成长为一个真正的人了！

在海南待了一年多时间后，我回到了四川，中途接手了一个问题班。我先着手班干部团队的建设，接着是班级文化的建设，再接着是推行自主化管理，这一连串的动作做下来，班级面貌不可同日而语，班级风气也由原来的"软懒散"变成了积极进取。待到班级大局已定，我就揪住班级的一些小问题开始探索，一年下来，光是文案记录就有50多万字。其中关于海林的个案记录有近15万字，后来整理成书《孩子，这不是你的错——一名后进生的转化》，此书还获评为2013年度"影响教师的100本书"之一。这些文字记录无不显示着我的带班理念——科研带班。

由于在带班的理念里糅进了科研的元素，我看待问题就非常的客观和理性。每出现一个问题，我都会欣喜。为什么呢？我为自己欣喜，因为我找到了研究的切入点；我也为学生高兴，因为犯错就意味着成长。或许是因为我的认知改变了，所以我的行为模式以及话语表达方式都发生了变化。当我改变之后，我惊讶地发现，我的学生也改变了。很多在别的老师看来非常头疼的学生，在我的班级里就不让人头疼了。

比如海林，在别的老师那里，他的表现就像老师们所说的"纯粹一个神经病"，而在我这里，他就是一个"文质彬彬"的好少年。为什么会有这种差别呢？因为其他老师没有研究他，没有走进他的内心，读不懂他，而我进驻了他的内心，听懂了他心灵发出的每一个音符，所以我懂他、理解他、尊重他，并且还能为他出谋划策，解决困扰他心灵的问题。

科研带班的思想不仅让我在工作上得心应手，也挽救了步入歧途的海林。

2011年2月14日，我孤身一人，裹挟在春运大军的洪流里，来到了深圳市光明中学。学校给了我一个高一艺术班——由音乐生和美术生组成的班级，我为它取名为"乐美家族"。即便我不说，很多老师也知道，这样的班级带起来有多费力。

但我没有退却，我仍然用我的科研思想来带这个班级。第一个月，我坦然接受学生暴露出来的所有问题，然后分析原因。找到原因之后，我就开始对症下药。

比如学生晨读不开口这个事，说来也颇费脑筋。由于自卑、胆小等，很多学生不敢开口放声读书。让他们读，他们就勉强地蚊子似的读几句。学校连续8周的"朗朗读书奖"，我们班都没得到。没得奖不说，每次还是倒数第一名。我没有发火，也没有焦虑地向他人求助，而是沉下心来，仔细分析我的学生为什么不开口读书，为什么拿不到"朗朗读书奖"。经过反复分析，我终于找到了原因：

1. 一部分学生不喜欢大声读书，觉得大声读没有小声读或者默读效果好。

2. 小部分学生觉得不好意思开口，从小就没有开口读书的习惯。

3. 有几个学生觉得自己读得差，没有信心大声读。

4. 读生疏的课文时，声音就会变小。

这么说来，我们要想得到"朗朗读书奖"，必须要做如下工作：

1. 真诚地告诉学生朗读对于培养语感的重要性，因此一定要开口大声读书。

2. 私下跟不爱读书的学生交流，鼓励他们大胆朗读，不管好赖，老师都赞赏他们的行为。

3. 调整朗读时间和朗读内容，增强学生的自信心。这是最重要的策略。我把早读时间分为三段。第一段：小声地读，照顾那些喜欢小声读书的学生，同时全班学生也不会太累；第二段：正好是评比阶段，语文就齐读古诗词，英语就齐读单词，每个人都要读，而且要齐整、洪亮地读；第三段：正好大家也读累了，评比检查也过了，那就根据自己的背诵情况自由读。

思想工作做通了，朗读策略也做了调整，效果一下就出来了。"乐美家族"班级连续四周获得了"朗朗读书奖"，并且还超越了他们一直想超越的五班。班级因为"朗朗读书奖"加了积分，当月也获得了"文明班"的光荣称号。当"朗朗读书奖"和"文明班"两面锦旗挂在教室的墙壁上时，班上的学生看到自己的努力获得了认可，信心大增，决心争取拿到期末评比的优秀班级奖项。

这就是科研带班给我带来的成功。如果我没有科研意识、没有诊断问题的能力，那么我敢肯定，我的班级也得不到"朗朗读书奖"，更别妄谈什么"文明班"了。

虽然我当时初到深圳，还没有完全适应深圳的教育和教学模式，但我每天仍然是怀着赴约的心情进教室，只用了3个月不到的时间，我带的"乐美家族"班级就发生了天翻地覆的变化。这一切都要归因于我的认知水平提高了，我能够用科研的意识去建设一个重组班级，并且取得了成效。

六、第六阶段（2012—2016年）：生命教育，课程带班

如果说我早期从功利之门进到了教育的内部，那么这个阶段我已经从功利之门出来了。我对自己的教学业绩不再执着，对学生的分数也不再纠结。这么说并非我不重视学生的成绩，相反，我非常重视，甚至比以前更重视。但我想帮助学生在不损害身心健康的前提下提高成绩，我希望我教出来的学生不仅有现在，更要有未来。我不仅希望他们跑得快，更希望他们跑得久、跑得稳。假如把全班学生的时间和精力都榨干了才能考80分均分，那我宁愿让他们考个78分均分，也要保证学生健康快乐地成长。我要的已经不是眼前的分数，而是学生以后的发展。很多学生为何在学校时看起来很好，步入社会了却不佳？

这是因为早期高强度的应试学习使得学生禁锢了自己的思维，缺乏深度思考的能力。当内心不再持开放态度，很难接受新的东西，对什么都提不起兴趣时，人就会越来越平庸。这就是我们常说的，缺乏后劲。

2012年，我带了一个起始班级，叫"一心走路"。这个班级，我一直带到2015年毕业，我把它叫作我的原生班级，每个学生都是我的好学生。

"一心走路"班级的生源质量相当不错，无论是小考还是大考，都能考出比较好的成绩。我若是沿用之前科研带班的模式，一定可以带得很好。但我就是不安于现状，特别想折腾。

我究竟要怎么折腾"一心走路"班级的学生呢？我仔细分析了这批学生，发现他们虽然聪明，但特别浮躁。别人只看到了他们的活泼可爱，除此之外，我却还看到了他们的自大狂妄和浅尝辄止。每天上课都在秀聪明，总认为自己的智商可以碾压别人几条街。每天下课就扎堆傻乐，哪里热闹哪里钻。学习时，浅显、热闹、花哨的内容，他们兴致勃勃地高谈阔论；深刻、单调、枯燥的内容，他们蔫头耷脑闭口无言。我很明显地觉察到了他们由于活泼有余、静气不足，难以进行深度学习。

除学习之外，他们在为人处世、人际交往、情绪管理、个性修炼方面也茫然无措。人是社会的有机组成部分，每个人都要在社会关系中明确自己的身份，找到自己的发展空间。学生能否在未来建立幸福和美的家庭，能否在职场中如鱼得水，要看学生在从生物人进化为社会人的过程中是否习得应对人际关系、解决工作难题的智慧。作为一个资深班主任，我该如何在中考压力巨大的选拔系统里，既提高学生的成绩，又推动学生修炼成人呢？

于是，我根据学生的年龄和性别特点，以及我多年的教育观察和对未来人才需求的思考，当然还有我毕业多年的学生反馈，开发了一套具有青春期特点的"男女生生命成长课程"。我想通过这套生命成长课程的浸润，为每个学生的生命奠基，让他们的生命更饱满、更润泽、更有温度，能让他们今后获得更幸福、更美满的人生。

"男女生生命成长课程"一共有44节课，需要5个学期完成，分3个版本。初级课程为1.0版本，主要指导学生认识自己和身边之人，从而看清自己的内心，找到生命中的重要他人。中级课程为2.0版本，主要引导学生从优化性格、管理情绪、直面感情、习得智慧等多个方面经营自己。学生若能在青春期就形成解决问题的意识，提高解决问题的能力，管理好自己的身体、心理、情绪和感情，那么他们在未来的人生旅途中就会少走很多弯路。高级课程为3.0版本，旨在引导学生超越自己。我在学生面前一直秉持的成长观点是：优秀的人都是朝自己"开刀"的。这个世界中的高人多如星辰，我们要是总想着去超过别人，不仅活得累，心理还特别压抑，反而忽略了自己的问题。

这套课程除了内容特别丰富、选材特别有趣，还尊重了学生的性别差异，具有很强的针对性。我在设计这套课程时，采用的是"德育预设"教育理念。也就是，我根据学生的成长规律，把他们在青春期时最容易出现的问题提前梳理出来，然后通过课程进行干预。很多原本可能发生的问题，最后都没有发生。即使发生了，也会将危害降到最低。

学生超级喜欢这套课程，每一次我上完课，学生都会要求我分享课件，还问我下一节何时开课。"一心走路"班级的学生在这套课程的熏陶之下，狂妄和躁气从他们的生命场里逐渐消失了，学习成绩也一直保持在年级前列。我本人也从酝酿、开发、实施这套课程的过程中找到了价值感，整个身心都很愉悦。我的同事看到我，总会说："哇！你的精神很好啊！"是的，我的精神确实很好，单从精神状态看，确实看不出我是个50岁的"老人"了。那我何以有这么好的精气神呢？不瞒大家说，那是因为我心态好啊，对新事物充满了好奇心。我的求知欲和执行力也很强，而且我的生命状态非常积极。我整个人都活得很轻松很愉快，因而再累，我不觉得累；学生再不听话，我看学生都顺眼；学生的成绩再差，我对他们都充满信心。我在用课程滋养学生生命的同时，也滋养了我的生命。我陪学生长大，他们陪我变年轻，仅此而已。

这套课程不仅育人，还达己。也就是说，这套课程不仅给予我精神滋养，也给我带来了社会价值。

2019年，我凭这套课程获得了第五届深圳教育改革创新大奖"年度十大教育人物"的称号。"十大教育人物"的候选人是15人，只有我一个人是没有任何行政职务的一线班主任，我凭什么脱颖而出呢？

我当时的心态就是把我自己当作一个陪跑者，能上自然好，上不了也无所谓。我所做的事情是我心甘情愿的，他人认可抑或不认可，都不会影响我的心情，不会动摇我的决心。

当我以为自己要成为评审"炮灰"的时候，组委会竟然通知我去参加颁奖仪式。我特别诧异，忙不迭地问我胜出的理由是什么。

组委会的负责人告诉我，说我的网络拉票确实比不上其他候选人，但是在现场评审时，我的这套青春期生命成长课程感动了所有评委，他们每个人都给了我最高的评分。理由就是，我一个普通的一线老师，没有任何行政权力，没有可供调动的资源，仅凭对教育的深刻理解和对学生无私的热爱，以一己之力在自己的班级进行变革，开发了一套完整的适合青春期学生成长的班本课程，太了不起了！

2015年6月，我送走了"一心走路"班级的学生，9月空降到初三9班（后来取名莲韵九班）做班主任。当我走进初三9班，看到学生的精神面貌时，心里一阵心酸。他们表情呆板、眼神涣散，看到我，既没有表现出好奇，也没表现出厌烦。我说什么、做什么，似乎都与他们无关。

稍有经验的班主任都知道，这群学生的生命状态处于"死机"状态。我若不找到学生的生命按钮将其激活，这个班就会被我带进死胡同。

于是，我选用了王俊雄的书香系音乐作为背景音乐，用破茧成蝶的图片做了一组PPT，取名为"鸡血课程"。每张PPT上，我都写了超励志的句子，比如"现在不玩命，今后命玩你！"有些老师会说："你这不是'毒鸡汤'吗，干吗给青春期的孩子喝这些啊？"正常的班级我当然不会下"猛药"，但这个班级的学生怎么看都像是长期生活在古墓派的门徒，没有一丝活气，我要不熬煮几碗"毒鸡汤"去灌醒他们，学生的生命状态怎么可能变得积极向上？

我的"鸡血课程"果然奏效，两周过后，学生的面部表情就丰富起来了，眼神也灵动了，整个人看起来也有灵气了。他们不无遗憾地说："老师啊，你要是从初一开始就来教我们，我们班怎么可能沦为年级最差的班呢？"

针对班情，我用为莲韵九班的学生专属定制的"鸡血课程"激活他们的生命，再用"男女生生命成长课程"扩大他们的认知，还特地以"遇见就是美好"为主题撰写与他们成长变化有关的教育叙事，一共写了21万字，整理出版了《教育让希望重生》一书。2016年6月中考，莲韵九班各项指标都超标，个个学生都认为与我相伴的这一年，获得的成长养分是以前多年的总和。

可以这么说，这个阶段，我的成就感不在学生的成绩上，而是在学生的生命状态发生了奇妙变化上。我，让他们充满了希望；他们，让我看到了希望。我让他们看到了各种可能，他们让我把各种可能变成了现实。

七、第七阶段（2017年至今）：随心所欲，智慧带班

年轻时读武侠小说，总会读到这样的句子——高手无招胜有招。每次读到它就觉得特别玄幻：既然无招，那还谈什么招？不就是回归本能，走回老路了吗？

但当我带班渐入佳境的时候，就觉得不用想太多，解决问题的点子直接就从脑子里蹦出来了。比如，今天中午我刚到办公室，就有人对我说，我班财财中午上学时在清怡小区报警了，警察都出动了。为何报警？对方说不知，你得自己去了解。于是，我去教室先把财财找出来问了缘由，再进教室听学生的口风。果然班上其他学生都已知晓，纷纷笑话财财为了一个三阶魔方报警，浪费警力，过度使用社会资源。财财很委屈，先是眼睛红了，随后还哭了。

我立即说道："上个学期，我为大家打造了三间精神小屋，其中一间就是'学会求助'，看来只有财财记住了。我先客观陈述一下财财的报警事件：他心爱的魔方放地上，转身就不见了，但他只看到一个女子从放魔方的地方路过，心中怀疑那个女子拿了他的魔方。他询问时，女子否认了。财财觉得自己的判断没错，希望女子打开包让他看看，女子不肯，还说如果她没有拿魔方，财财就必须赔她100块钱！于是，财财用电话手表报警了。财财在自身能力和认知范围内不能解决这个问题时，向外界，尤其是向警察求助，这种求助意识必须点赞！为肯定他这种遇到困难就想办法求助的行为，我要送他一个三阶

魔方。"说完，我立马拿出在网上买的那个三阶魔方，其他孩子再也不讥讽财财了。

最后我又说了一句："报警求助这个行为必须点赞，但是哪些情况应该向老师和家长反映，哪些情况该报警求助，咱们在道德与法治课上可以展开充分讨论。"

说实话，这些年，我没有刻意去搞什么管理带班，也没去搞什么文化带班。也就是说，我已经没有套路了，我也不跟学生玩什么套路了。我有的就是多年职场生涯训练出来的教育智慧。我有很强的教育敏感度，可以随时恰到好处地抓到教育契机。现在我只需要陪着学生，他们就非常配合我的工作。

我每天除了早早地去教室陪着他们，就是很用心地教学。剩下的碎片时间，我就大量输入和输出。每天都有新的观点带给学生，每天都有与众不同的认知震撼学生。我每说的一句话，学生都心悦诚服地点头；每处理的一件事，学生都心服口服。

我觉得当个班主任真是轻松极了。我的班级也没有发生什么不良事件。

为什么会有此成效？是我的学生一开始就比别班的好吗？非也！我们可是平行分班，并且还是抓阄决定谁带哪个班。是我的学生家长水平高吗？非也！我班大多数家长都是受教育程度低的外来务工者，他们为生计忙得脚跟不着地，根本没时间管孩子。

我做过深度反思，也做过现场调查，得出的答案是：我每天都在努力地成长，并且还取得了不凡的成绩。

从官方荣誉来讲，我已评上了全国优秀教师，这可是荣誉的"天花板"，此外，我还是广东省教育厅认证的省级名班主任和名班主任工作室主持人；从媒体荣誉来说，各大教育主流媒体都对我进行了特别报道，并且还上了四份杂志的封面；从专业成果来论，我笔耕不辍，先后出版了近20部教育著作。

这些东西拿到桌面上一放，是不是很耀眼？能不能震慑我的学生？毋庸置疑，我用实力征服了我的学生。他们觉得，此生能遇到我已然是幸运，干吗还作妖呢？

从我的成长经历来看，我一直都在努力地推动班主任的专业成长。俗话说，"打铁还需自身硬"，自己都舍不得花时间读书，凭什么要求学生读书？自己都起不到榜样示范的作用，凭什么对学生严加管教？自己都不明理，拿什么给学生讲道理？

这些年，总有人会问我的带班风格是什么。我开始还真答不出来。现在，经过我的回顾与梳理，我发现我带班的经历很丰富，各种类型的学生都见过。我的成长离不开学生的帮助，更离不开班级的滋养。当然，也离不开我自身的努力，或许还与我的个性有密切的关系。比如，我善良，我勤奋，我认真，我执着，我纯朴，我温和，我有一颗赤子之心，我有责任感，我更有使命感，我身教胜过言传。这些，都是一个优秀教师必须修炼的优秀素质。如果没有这些美好的人性或者说个性打底，我认为无论怎么做，都难以形成自己独具魅力的带班风格。

如何帮助转学生消除适应性障碍

　　无论是作为母亲，还是作为老师，对于转学这件事给孩子造成的心理波动与不适，我都有很多话要说。

　　先来说说转学这件事对我儿子造成的困扰。我儿子小学阶段转学两次，初中阶段转学三次，直到高中才算稳定下来。每一次转学，都对他的心理造成了一定的冲击。

　　我儿子第一次转学是在读完小学四年级后，他从乡镇小学转到县城小学就读五年级。从农村过去的孩子，多少有些野，加上我崇尚个性自由，底线之外对孩子的管束不太严格。这孩子在新学校老实了几天，就露出了调皮好动的本性。班主任自然不满，对他说："好歹你父母也是老师，你怎么就不像别的孩子那么乖呢？"

　　班主任表达了对我儿子的不满，其他学生对我儿子马上就不友好了，有几个男孩总在放学时组团挑衅他。我儿子本就在学校长大，从小就跟我出入教室，根本不怕挑衅他的男孩。基于上述原因，我儿子与他人掐架就成了必然要发生的事。

学生打完架后，接下来怎么做呢？相信每位班主任对这个程序都不陌生——请双方家长到学校，各"打五十大板"，然后握手言和。事情似乎圆满解决了，但孩子内心并不高兴。每天早晨出门都很磨蹭，话也比以前少了。这样的情况持续了大半个学期才有所改进。

我儿子读完五年级，就完全适应了新班级。可我为了所谓的追梦要去海口一所学校任教，我不能接受母子分离的煎熬，又把孩子带到海口上小学六年级。这一次，孩子是从县城转到了省城，并且进的还是贵族学校。

面对地域的差异、教材的区别、语言的不同（我儿子去海口之前讲的是四川话，海口的学生讲的都是普通话），儿子适应起来十分困难。尤其是英语学科，让我儿子严重失去了自信。他在四川读书时学校虽然开了英语课，但由于不考试，英语课形同虚设。他小学五年级读完，只学会了26个英语字母。

可是海口的学校是从小学一年级开始就开设了英语课。不仅英语老师在极认真地教课，学校还请有外教。我儿子凭着26个英语字母的基础与其他同学五年的功底比，毫无悬念地成了手下败将。后来，英语一直是我儿子的噩梦，直到高二，他才算从噩梦中走出来，摸到了一点学英语的门道。

儿子读完小学，继续在海口的学校上初中。那时他特别自信，梦想着在初中大展宏图，还特意去参加了学生会干部竞选，光荣地当上了体育部长。

儿子在海口的初中班级刚适应，我又因为不得已的苦衷必须回四川原学校，儿子自然也要被我"打包"回四川。他又面临着一次转学。

这一次，我把儿子转到我所在的学校，儿子自记事起，就在这所学校里生活，我和孩子爸爸也在该学校任教。按理说，天时地利人和全都占了。可是我儿子特别不开心，多次跟我说他读不下去了，他要换学校。原因在于，他的班主任是个年轻教师，脾气特别暴躁，而且语言词汇特别匮乏，每天除了爆几句粗口，说不出一句蕴含哲理的话来。

我儿子不接受班主任的教育理念，执意要转学。禁不住他的软磨硬泡，初一读完，我把他转到了县城一所中学读初二。

新班级的班主任是个女老师，正好是我初中班主任的亲妹妹，性格比较温和。我儿子表示很喜欢她。

这一次我儿子在新班级适应得很不错。他在新班级才读了一个学期，我又因为追逐所谓的梦想，从四川来到深圳。这一次我独自一人来到深圳，儿子一个人在县城读书，他爸爸在乡镇学校教书，一家三口分成三个地方。

我与儿子分开的半年，他在县城学校与同学的关系比小学插班时要和谐，但师生关系出了点问题。也就是那位脾气温和的女班主任见他上下学都跟几位女孩一起，就断定他在早恋。儿子坚称自己与女生只是一起上下学而已，是纯粹的同学关系。可是班主任不听他解释，还借此机会狠狠教训了他，说他的所作所为不仅给老师抹黑，也给父母抹黑。

儿子初二读完的那个暑假，我也办好了工作调动的相关手续。我们母子终于可以在深圳团聚了。儿子的户口和学籍都随我的工作关系一起转到了深圳，他来到我所在的学校上初三。这是他初中阶段第三次转学了，那么他适应吗？极其不适应！

首先是学习上不适应。教材版本不同，教材内容编写顺序也不同。我儿子在四川的成绩还算不错，到了深圳却被碾压得体无完肤。

其次是饮食上不适应。我儿子自小吃辣椒长大，口味很重。深圳饮食清淡，他吃什么都觉得不对胃口，心情很沮丧。

再次是情感上不适应。一是他爸爸那时还没到深圳，二是同学关系疏离。即便我给了他无微不至的母爱，但没有友情的滋养，他与新班级总是格格不入。

转学至深圳的诸多不适应，令我儿子产生了退缩的行为。他多次哀伤地对我说，他想回老家，因为这里没有他的根，他感觉自己漂若浮萍，扎不稳。他的这种感觉其实就是缺乏归属感和安全感。

我长篇累牍地讲述我儿子的转学史，无非是想告诉所有班主任：对于转学生的心理处境，我们要感同身受，要及时给予他们真诚有效的帮助。

作为一名转学生的家长，我真诚地劝告所有家长：能不转学，尽量不转学，让孩子在一个稳定、和谐的班级里持续完成某个阶段的学业极其重要。

作为一名资深班主任，我也真诚地建议所有班主任：当你的班级要进转学生时，一定要全方位地关注转学生，帮助他们尽快地适应新的学习生活。

那么，转学生最容易产生哪些适应性障碍呢？

首先是情感障碍。转学生离开了熟悉的同伴和老师，除非这个学生在原班级的人际关系特别糟，插了翅膀似的想要飞走，否则内心都会舍不得，转到新班级就像丢了魂似的。

其次是环境障碍。转学生转到新班级，面对新的教室和校园，看哪都陌生，心里真是硌硬得慌。

再次是人际障碍。转学生面对新同学和新老师，一脸陌生，不知如何与新同学新老师交往，心情沮丧灰暗。

最后是学习障碍。转学生到了新班级，面对新的学习和要求，一时转换不过来，也会造成很大的不适感。

厘清了转学生可能遇到的各种障碍，班主任就要做好事前准备以及事后安抚的工作。

一、做好事前准备工作

（一）提前给原班学生打好预防针

当班主任得知班里要来一位新同学时，一定要在新同学进教室之前就把原班学生的思想工作做好，确保每个原班生都能敞开心怀迎接新同学。

第一步，班主任要坦诚告知原班学生：本学期咱们班将有一位新同学加入。不管是早来，还是晚到，都是老师的学生，是老师要放在心尖上的人，希望每位同学都能敞开心怀迎接新同学。

第二步，班主任要提前给转学生安排好导游。选择热情开朗且热心的同学帮助新同学认人、认路，知晓校园每个角落。

第三步，班主任还要专门委托善于交往的同学主动与新同学做朋友，消除新同学的孤独感。

（二）提前向家长全面了解学生情况

第一步，赶在转学生还未进班之前，班主任要主动向家长打电话询问学生的爱好和避忌，然后投其所好，避其所忌。当学生来到新班级后，他感受到了老师的理解、尊重与懂得，心中就会泛起一股感动的情绪，很快就会向新班级靠拢。

第二步，主动向家长了解学生的性格。了解学生的性格不是为了改变学生，而是要接纳学生本来的样子。待到时机成熟，可以寻找方法帮助学生优化性格，这就是班主任最大的作为。

班主任如果能在事前做好预设，把各种可能会出现的坏情况都考虑进去，提前做好应急预案，那么转学生来到新班级可能产生的问题都不会发生。即便发生了，危害也在可控范围内。

（三）高度重视与转学生的第一次见面

心理学中有一个概念叫"首因效应"，实际上指的就是"第一印象"的影响。心理学家认为，第一印象主要受性别、年龄、衣着、姿势、面部表情等"外部特征"影响。因此，我建议班主任在接待转学生时，一是要让自己的外部形象看起来大方得体，二是请原班学生也整理好仪容仪表，三是把教室环境整理得干净有序。班主任与原班学生在眼神、肢体、语言等方面，都要表示出由内到外、发自内心的欢迎。

转学生进班落座，班主任要真诚地告诉该学生：不管你在原来的班级是一个怎样的人，那都是你的过去，我们看重的一定是你的现在以及未来。不管你的个性是怎样的，在不损害他人和伤害自己的原则内，我们都尊重并认可你。班主任在说这番话的时候，态度要亲和，让学生有一种如沐春风的感觉。

二、消除四种适应障碍

（一）消除情感障碍

以我丰富的带班经验来讲，当然不是所有的转学生都会遭遇情感障碍，但大多数转学生都会经历情感上的失落、沮丧。班主任的情感导向在这个时候就显得特别重要，那么班主任具体怎么做呢？

方法一：可以联系转学生的原班主任给该转学生录制一个鼓励视频，鼓励他接受新老师和新同学，在新班级认真学习，积极参加各项活动并争取在新班级取得优异的成绩。

方法二：联系转学生的原班同学给他写一封祝福信，祝福信的内容既要回顾过去美好的生活与感情，也要帮转学生展望新班级的生活与感情，鼓励其放下心中执念，快速进入新生活。

方法三：虽然有些转学生的性格非常活泼，善于交际，甚至还带有自来熟的特质，但多数转学生到了新环境都很腼腆，面对一张张新面孔很不自在。最好的办法就是给转学生安排一个热心的好同桌，请这个好同桌带着转学生玩，让转学生快速适应。

（二）消除环境障碍

即便是成人，到了一个新的环境，都会有忐忑不安的感觉，小孩子的这种不安感就更严重了。班主任若要及时地帮助转学生消除这种障碍，比较有效的做法是：每天进教室时，多关注和重视转学生的表现，课余时间要给予更多的陪伴，还要安排原班同学带转学生熟悉学校的每个角落，更要防止高年级学生欺生。总之，当班主任感同身受地理解转学生时，很多有效的方法自然就涌出来了。

（三）消除人际障碍

有个班主任对我说，她班上转来一名女学生，由于部分学生知道了这名女生在原学校的一些不良表现，班上的学生就拒绝接受这名女生，甚至还有一个学生写了匿名纸条贴在女生的课桌上嘲笑她。结果，这名女生看到纸条后很受打击，拒绝上学，家长为这事不依不饶。这件事发展到如此程度，处理起来确实比较棘手。有经验的班主任都会提前预设到这类问题，在事发前做好干预工作。具体怎么做呢？

方法一：趁转学生未到班时，班主任就要向原班学生表明自己的态度：我不管这个学生以前是个什么样的人，只要进了我的班级，就是我的学生。我不会因为你们早来就高看你们，也不会因为他晚来就低看他一眼，所以，谁要是敢明里暗里欺生，说怪话、搞怪事，令同学之间生罅隙、师生之间生龃龉，我决不宽待！班主任像这样把丑话说在前，即便有些学生想要欺负新来的同学，也会心生顾忌。类似前面所述的事情就不会发生，即使发生了，也不会很严重。

方法二：召开主题班会，欢迎新同学。这是非常正式的集体活动，一定不能走过场。这个班会可以是班主任来策划，也可以交给学生来组织，不管用什么形式，主题都只有一个：真诚欢迎新同学的到来。

方法三：帮转学生建立朋友圈。若要问转学生最大的"心魔"是什么？那就是孤独。只要转学生到了新环境不孤独，心就在新班级定下来了。因此，班主任一定要主动地帮转学生建立朋友圈，比如以小组为单位、以生日月份为单位、以姓氏为单位等组成朋友圈。转学生只要在新班级形成了稳定的朋友圈，假以时日，就会非常热爱新班级。

（四）消除学习障碍

以我从教多年的经验来看，大多数转学生的成绩都在中下层。这些学生转到新班级，多半都有学习上的障碍。有些是教材有异，有些是老师的教授方法不同，有些是要求有区别。那么，班主任如何帮助转学生尽快适应新班级的学习呢？

方法一：通过听课状态和作业评估转学生的学力。这种评估可以看出学生听课是否专注，完成作业是否认真，所学知识是否扎实，思维方式是否正确，学习方式是否灵活。

方法二：评估结果出来后，班主任就要与科任老师做好沟通。如果转学生的成绩在中等以上，且学力较强，但知识方面存在漏洞，班主任就要请求科任老师培优。反之，就要请科任老师想办法提高转学生的成绩。多数时候，老师努力了也未必能取得明显的效果，但这份努力一定会在学生心里种下一颗勤奋的种子。若干年后，这颗种子在某个特定的环境下，就会生根发芽。教育的作用在当时未必有用，但在未来，在隐蔽的角落，会产生意想不到的效果。

方法三：对于学习特别困难的转学生，班主任要建议科任老师采用"一对一辅导"的方法去帮助转学生及时进入学习的正轨。我知道这样要求班主任与科任老师有些过分，但这就是教育的真相，也是教师推脱不了的责任。一个学生来到学校，如果老师都不愿意帮他，那就再也找不到人帮他了。

只要有家长流动，转学生这个群体就一定不会消失。每个班主任在自己的带班生涯中，都会遇到中途转学来的学生。于我来说，这种相遇就是缘分、就是美好，所以我会竭尽所能地去帮助转学生快速消除转学带来的各种障碍，让他们放下心防、心无挂碍地在新班级快乐地学习与生活。

如何正确为学生的成长加油

班主任最核心的工作是什么？就是为学生加油，助力学生朝向美好，使其成为更优秀的人。有什么样的有效策略能为学生的成长加油呢？

一、用好习惯代替坏习惯

很多学生之所以成长得不够好，就是因为他们养成了不少坏习惯。但是，习惯的力量又很强大，一经养成很难改变。班主任强行要求学生改正以前习得的坏习惯，不仅不能达成所愿，还会招致学生的反感。

使用什么样的有效策略，才能让学生不知不觉地丢弃他的坏习惯呢？那就是先接受学生的坏习惯，不对学生的坏习惯进行价值判断，再推出新的习惯，促使学生养成这些新习惯并从中获益。

比如，某男生喜欢说脏话，很遭女生嫌弃。虽然他知道这是不良行为，但他在短时间内就是改不掉这个坏习惯。怎么办呢？可以让他养成几个新习惯。比如：给女生搬东西，给女生让座，给女生开门，递矿泉水给女生喝时把瓶盖拧松。待他养成这些好习惯后，他会觉得女生对他很友好，他与女生的关系也会变得很和谐，说脏话的习惯就被好习惯屏蔽了。当这个男生不说脏话时，他就成长了。

所有坏习惯的矫正都可以使用这个屏蔽法——用好习惯代替坏习惯。

二、学会与负面情绪相处

很多班主任都说，现在班里抑郁的学生真是越来越多了。是否是严格意义上的"抑郁症"不敢断定，毕竟班主任不是心理医生，但可以肯定的是，很多学生不能与负面情绪相处。

一个被负面情绪纠缠的孩子，是不可能全身心投入到学习与生活中去的。他们生活在别人的评价中，容易沮丧，也容易自我否定和自我放弃。

很多时候，班主任都采用安慰、劝解的方法去帮助学生摆脱负面情绪。结果往往是老师说得很有道理，但学生却根本做不到。我们越是拒绝负面情绪，情绪就越负面。

那么，班主任该如何为学生加油，助力学生克服负面情绪呢？

首先告诉学生，每一个人都会产生负面情绪，就像每个人会感冒一样，特别正常，因此不必反感突然而至的负面情绪。

其次告诉学生，与其抗拒负面情绪，还不如接受负面情绪。每当负面情绪造访时，心平气和地对自己说一声：哈喽，既然我的情绪感冒了，那就休息一会，去干点别的事情吧。有时，我坐着思考问题，心中突然会产生一种很伤心无助的感觉，甚至还有一种莫名的怨恨感。我立马就会觉察到我的负面情绪来做客了。我会惊喜地告诉我自己：哇，好不容易产生伤感情绪了，我去思念一会家乡，看能不能逼出我的乡愁，写出两句"月朦胧，鸟朦胧"的诗来。我这一转念，忙着思乡和写诗去了，伤感就没了，自然也写不出来美妙又煽情的诗句。

最后是教给学生转移负面情绪的方法。如间隔数数的方法。除此之外，还可以去骑车、打球、看电影。我认为最好的办法就是干活，人只有在干活时，才能找到存在感和价值感，才会产生能量，不被负面情绪纠缠。

三、正确表达需要

很多学生的苦恼在于不被父母和师长懂得，成长受挫也是因为自己的需要没有被满足。问题是，学生不向父母和师长表达自己的需要，父母和师长又怎会懂得呢？

因此，班主任教会学生说"我"字句，把自己的需要正确地表达出来尤为重要。

比如，学生上课时身体出现不适，就要明确地告诉老师：我身体不舒服，需要去校医室找校医看看。考试失败了，心情很不爽，那就可以直接找朋友倾诉内心的烦闷。

很多人心里有需要时，总希望别人拥有读心术，直接把他的心思读懂，然后满足其内心的需求。想法当然没有错，问题是读心何其难！再说了，又有多少人愿意坐下来读你的心？

我时常对我的学生说，有什么需要就直接说出口，能够满足你的，肯定会满足你；满足不了的，也会给你一个合理的解释。千万别抚着胸口，满脸期待地问我："我心里在想什么？"人心深如海，我纵有千般本事也猜不透。一旦猜不着，你就气急败坏地说："老师啊，你怎么就不懂我的心呢？你都不懂我，怎么说爱我呢？"

既然渴求爱，为什么不直说呢？把真实的想法说出来，就算自己的需求不能立即被满足，最起码别人知道你需要什么，具备条件时必能第一时间满足你。

我经常会给我的学生示范如何向身边的人表达自己的需要。比如当我进教室时，学生正在吵闹。我会打个暂停的手势，然后用目光从左到右扫视一遍，最后，我才心平气和地说："我最想要的就是，当我进教室上课之前，大家能安静下来准备课堂'三有'。就算不安静，我进来了，也该立即安静下来。你们这样做，就会让我感到很开心。我会觉得你们心里有我，你们尊重我这个人，在乎我的感受，会让我有一种被爱的感觉。"

当我经常向我的学生准确地表达我的需要时，他们就会尽量来满足我的需要，师生矛盾自然就不会产生了。反过来，我也经常提醒学生向我表达他们的需要。我只要知晓了他们的需要，但凡我能做到的，都会第一时间满足他们。如果我做不到，我还可以整合其他资源来满足他们的需求。如果其他资源也不能满足他们的需求，我一定会给他们一个合理的解释，或者指明另外的道路，决不会弃之不管。

当一个人学会了向身边的人准确表达需要时，相互理解与懂得的关系才能建立。相反，凡事都要猜来猜去，最后的结果就是人际关系很危险。

四、学会求助

求助是勇气，也是智慧。人活在这个世界上，必须相互连接，互相帮衬。班主任自然懂得这个道理，但事实上，很多班主任的做法在反其道而行之。

比如，学生告诉班主任自己的教材找不到了、笔掉了、书包坏了……有些班主任就会火冒三丈地训斥他们：一个学生，理应守住自己的学习用品，这是身为学生应该具备的最基本的管理能力。但是偏偏有些学生丢三落四，缺乏收纳整理的能力。对于这类学生，班主任心中颇有微词实属正常，偶尔斥责学生两句也不为过。关键是，倘若班主任斥责过度，吓得学生再也不敢开口求助，从此就断绝了学生向外求助的通道。一个有事决不向外界求助，遇事都自我消化的人，如能正常消化还算幸运，但如不能自我消化呢？心事揣多了，不堪重负，极有可能做出伤人毁己的事。

在疫情防控期间，初三的学生在中考报名后，隔三岔五要填一些资料，每份资料都要填写他们的报名号。然而，每次都有部分学生忘记报名号了。人生就一次中考，怎么可以忘记自己的报名号呢？再说了，每个学生的报名号我都以小纸条的形式打印给他们了，他们怎么就这么不省心呢？我可以在心里吐槽他们，但我不会像别的老师那样不耐烦地责备他们：连个报名号都记不住，有什么用？然后拂袖而去，既不理睬，也不帮忙。

我笑嘻嘻地说道："忘记啦？没带报考条啊？好啊！向我求助吧，对着我说些好听的话吧。比如说'钟老师你太好啦，请你帮我填一下报名号呗。'求人时，态度诚、嘴巴甜，别人就很乐意帮你。你把话说到位，我等会儿就去帮你把报名号填了。"

我话声一落，学生的各种甜言蜜语就来了，我心花怒放，马上就去帮他们把报名号给填了。事后，我郑重地告诫他们：一定要记住自己的报名号，不是每一次都有机会向别人求助，也不是每一次求助都能得到别人的帮助，靠天靠地不如靠自己。

除了向学生宣导遇到困难要求助的思想，我还要求每个学生背下五六个最靠谱的人的电话号码，以防今后遇到急事，可以打这些电话求助。同时，还需要记住一些求助热线号码。

一个学会了求助的人，就容易消除负面情绪，解开心结，能够向阳而生。

五、建立关系

人是活在关系里面的，没有关系，就没有感情，也没有生活。很多学生的苦恼，不在于学业的失败，而是没有健康的人际关系。

一个没有健康人际关系的学生，学业也有可能不会成功。班主任不妨去调研那些学业困难的学生，你会发现只有少部分学生确实是因为基础薄弱、智力低下造成学业困难，大部分学生则是要么在家里跟父母斗得天翻地覆，或父母不管不顾，要么就是在学校里跟同学的关系很别扭。也就是说，这个学生的外部支持系统根本就没建成。

一个未成年学生的能量委实不大，凡事都靠自我激励，自我催熟，并非没有奇迹发生，但少之又少。自我支持系统薄弱，又缺乏外部支持系统的学生，基本上就是班里那些成绩和习惯都较差的学生。

班主任若想为学生的成长加油，那就要教会他们与身边的人建立健康的关系。

首先要学会接受，而不是评价。接受父母的观点，也接受父母的表达方式。与父母置换身份，站在父母的思维框架上来看他们对子女的要求，你就会发现父母的想法大多没错。他们之所以使用了子女不接受的表达方式，也是因为他们早期受到了错误的教育。身为子女，我们不是去评价父母的不当，而是要与父母的不当和解。最为积极的做法是把自己的事情做好，给父母信心、给父母希望，让父母能积极地预测到子女的美好未来。把父母的焦虑感降到最低，矛盾自然就缓解了，关系也缓和了。

这一条策略也适合与同学、老师交往。

其次是主动向他人释放善意，主动帮助他人解决困难。一个人若想与身边的人建立健康的关系，若不伸手助人，只等别人来示好，这种可能性实在是太小了。

我仔细观察班里那些人际关系非常和谐的学生，发现他们的性格很和善，说话很友善；喜欢帮助他人，又能恪守边界；喜欢调侃玩笑，又幽默真诚；喜欢肯定他人，又自强不息。反之，那些人际关系很糟糕的学生，就不具备上述优点。若想让这些学生成为受欢迎的人，班主任就必须帮助他们习得上述优秀品质。

最后就是培养学生的人生智慧。一个缺乏人生智慧的学生，不管他的学历有多高，都不可能成为人生的大赢家。

智慧与智力不同。智力更多来自先天的遗传，是从基因里带来的。而智慧则来自后天的培养，是可学习和可修炼的。对于女学生，一定要培养她们改变的智慧和选择的智慧。当她们拥有了改变的智慧，她们就能够把自己变得更好，就能够成为自己人生主场的女王。当她们拥有了选择的智慧，她们在人生的每个节点上，都能做出有利于自己成长的选择，她们就一定能够成为人生的赢家。对于男学生，一定要培养他们敢担当、能竞争的优秀品质。

为学生的成长赋能，助力学生成为积极上进的人，班主任必须把自己建成一座加油站，经常推出为学生成长加油的有效策略，这样学生才不会错过成长的季节。

如何评价学生更有效

我的整个青春期过得既自卑又自信。

自卑是因为：我个矮体胖颜值低，不招男生待见，于是他们对我进行了打击。个矮体胖，就评价我像个冬瓜；眼小脸圆，就评价我像个铜盆；臀肥脚板大，就评价我像座磨盘。听到这样的负面评价，尤其还是异性同学的评价，我简直自卑到尘埃里去了。这样的评价，我们称为"降维"评价。一个涉世未深，没有遭受过社会生活磨炼的未成年人，如何禁得住这样的贬损？

自信是因为：每次我的同学对我进行了负面评价后，我妈都要把那些负面评价进行改编，重新对我进行评价。比如：我个矮体胖，她就说，大个子"山大无柴，树大无料"，矮个子是精……我眼小脸圆，她就说，大眼无神，小眼挡灰尘，脸小命苦，脸大好打粉。我屁股大脚板大，她就说，屁股大好坐凳，脚大江山稳。听了我妈的评价，我瞬间自信心爆棚，觉得自己就是无人能及的大美女。

我妈对我的评价就叫"升维"评价。何为升维？简单说，升维就是升级，是在原有信息基础上重新改版和组合，找到一个人的优点并将其加以扩大，以达到增强被评价人自信和自我认同的目的。下面我以深圳为例来捋一捋现有评价方式的利与弊。

一、现有评价方式

（一）深圳市综合素质评价方案

此方案内容较多，正文就不再赘述。整个方案共有二十五个观测点，分类算是非常细致，几乎面面俱到，但评价结果只有达标和不达标两种。

由于评价结果与学生升省一级学校挂钩，家长和老师在对学生进行评价时就束手束脚。鉴于有些学生的表现，老师要是给评个不达标吧，对学生的未来有负面影响，家长也不服气，容易产生家校矛盾。老师要是给评个达标吧，对表现好的学生不公平，班主任意难平。这种只能"二选一"的评价方式，老师和家长叫苦连天，学生却毫无感觉。

（二）区统考学业评价方式

区里每一学年组织各校学生参加统考，成绩出来，只看结果。平均分、优胜率，从高到低进行排名。排在前面，皆大欢喜；排在后面，垂头丧气。最让领导和教师焦虑的是，家长根据排名来判定学校优劣，同时也加大了家长对学校的干扰力度，致使领导压力巨大，师生矛盾不断。

（三）学校自行评价

这种评价看重分数与德育表现。教学处根据考试成绩对各班进行排名，奖励学业成绩优秀的学生。"双减"政策出台后，看似淡化了分数和排名，但选拔系统不变，那份隐而不宣的压力始终存在，学生和家长，包括学校和老师，仍在暗中较劲。德育处通过评星级学生、文明学生、三好学生、校园之星、进步之星等约束学生的不良行为。这类评价对优秀学生确实有积极作用，对后进学生则不起作用，这就造成少数学生长期霸榜，多数学生不为人知的奇怪现象。

二、评价的意义

不管哪一种评价，都不可能一无是处。制定这套评价体系的人一定希望它能对学生的成长起到积极的推动作用，让学生获得幸福的能力，从而成为更好的人。评价的具体意义有：

第一，引导学生正确认识自己。

第二，增强学生的自信心。

第三，推动学生的生命自觉。

从同理心角度来讲，老师最好不要对学生的言行进行评价，但事实上，每个学生都生活在评价系统里。既然一个人的成长无法避免评价，那么作为老师，尤其是班主任，我们就要让评价"升维"，对学生进行准确、赋能的评价。

三、根据学生的道德层面进行评价

美国雷夫老师根据科尔伯格的道德发展理论和自己的教育实践，总结了学生道德发展的六个阶段：

第一阶段：我不想惹麻烦。

第二阶段：我想要奖赏。

第三阶段：我想取悦某人。

第四阶段：我要遵守规则。

第五阶段：我能体贴别人。

第六阶段：我有自己的行为准则并奉行不悖。

班主任首先要搞清楚每个学生分别处在哪个道德阶段，然后给学生他们所需要的评价。

学生说"我只是不想惹麻烦"，老师就可以评价他的行为："你做对了，所以避免了麻烦"，或"你做得欠妥，所以麻烦找上你了"。

学生说"我想要奖赏"，老师就可以给学生奖赏，并且还要告诉学生他的行为值得奖赏。

学生说"我想取悦某人"，老师就说，你做得很好，那个人特别喜欢你，其他的人也很喜欢你。

学生属于那种能自觉遵守规则的人，老师就要经常评价他很自律，能令老师放心。

学生处于"我能体贴别人"的阶段，老师要经常向学生表示：我们需要你，你帮了我们大家，我们很感谢你。

至于最后一种"我有自己的行为准则并奉行不悖"，学生能达到这个阶段，道德发展水平已经很高了，老师认不认可他的行为，都已经不能影响到他的心态了。但如果老师对他说一声"你很独立，你有想法，你坚持自我"，学生还是特别有成就感的，他会觉得他所坚持的，别人都看得到。

四、根据学生的性格评价

如果用动物来分类学生性格的话，我们可以这样分：

（一）猫头鹰型

这类学生性格谨慎、慢热，善于分析，喜欢思考，重视细节，追求完美，规则感很强，重承诺、讲忠诚，但心思细腻，容易小心眼。

对于猫头鹰型学生，老师在评价时一定要客观地陈述过程，详细地描述细节，理性地进行评价，真诚地表达欣赏。比如，他的作文开头写得好，老师要是仅仅用"你写得真棒"来评价，他会认为老师在敷衍他。老师的评价必须要细致：你的文章开头使用了一组排比句，语气强烈、语势宏大、富有感染力，接着还点了题，恰到好处地引出了下文，激发了读者的阅读兴趣。与同期的我相比，你确实技高一筹，写出一类文指日可待。

（二）老虎型

这类学生目标性很强，很有力量，很理性，决断力也很强，做事效率很高，追求速度和成功，但特别容易急躁，对人对事缺乏耐心。

对于老虎型学生，老师可以开门见山、单刀直入地进行评价，要认同他目标明确、重视结果的优点，同时老师也要露出后背让其掌控，有些事还要请求老虎定夺，对老虎也要时常表示尊敬和欣赏，并且是那种不加掩饰的欣赏。

（三）孔雀型

这类学生热情快乐，喜欢在台前展示，很渴望得到他人的认可与欣赏，很在意别人的评价，情绪很容易高涨，也很容易颓丧。

对于孔雀型学生，老师不应该进行批评、打压。老师对其必须进行正面评价，尤其是要随时表扬，并且还要当众表扬。表扬时，不必像表扬猫头鹰型学生那样描述过程，只需笼统说一句——你好棒！他们就会高兴好长时间。如果一定要批评的话，一定要私下批评，千万不可当众落他们的面子。同时，老师也要积极创造平台供他们表现，多找一些人给他们鼓掌，老师对他们又捧又哄，他们立马就乖了。

（四）考拉型

这类学生磨叽平和，与世无争，安于现状，富有同情心。性情也很温和，和善厚道，总是为他人着想，是个非常合格的倾听者。

对于这类学生，老师的要求不能太高，评价也不能太笼统，更不能使用负面评价。通常情况下，老师要帮助他们把大目标分解成小目标，大事小做，逐项落实。老师还要与他们建立关系，慢慢去推动他们，避免啰唆，应长话短说。事情一旦做好，老师要立即对其进行正面评价，切忌负面评价。他们基本不与批评他们的人顶嘴，但也会采用屏蔽的方式拒绝一切说教。

身为班主任，我们几乎每天都在评价学生，稍有不慎，不当的评价就伤害了学生。因此，班主任必须要明白：我们评价学生，是要赢得学生，不是要控制学生。

如何打造适合学生生命成长的班级特色文化

　　几乎每所学校每学期都要对学校各个班级进行班级文化建设的评比，每个班主任都会在自己的教室里进行班级文化的建设，甚至有的班级还会被学校评为"一等奖"，甚或"特等奖"，但师生却感受不到班级里有属于自己的班级文化，这是为什么呢？

　　因为很多班主任在进行班级文化建设的时候，是根据自己头脑里的描绘来建设的，没有了解学情，也没有把学生的生命成长渗入班级文化场里，这就导致班级文化场与学生的生命场互不兼容、各不影响。

　　真正有用且有特色的班级文化，必须根据班情来打造。这样的班级文化才会成为班级的灵魂，对学生才具有自我调节、自我约束的作用。下面，我就以我所带的班的不同班情为例，来说一说如何打造适合学生生命成长的班级特色文化。

一、闹腾班级打造静文化

2012年至2015年这三年，我带了一个原生班级（从初一带到初三），叫"一心走路"。这个班级的生源质量很好，学生特别自信，整体成绩非常优秀。但是，他们有一个令人特别伤脑筋的缺点——静气不足，躁气有余。我个人的性格比较外向，很喜欢与活泼的孩子打交道，但也仅限于在课堂之外的活泼。在课堂上，我还是希望他们该说说，该听听，该闭嘴则体面地闭嘴。可是，他们特别喜欢叽喳，一张嘴就停不下来，并且还不是少数学生在说，而是大多数学生在说，班级课堂纪律有多差，大家可以想象。这种特别闹腾的班级，初一学习压力小，对个体的影响还不大，一旦到了初二，学科增多，难度加大，他们一个个静不下心来听老师讲课，成绩必然会大幅度下降。

给他们讲道理，他们都觉得我讲的超有道理，但就是不执行。给他们灌"鸡汤"，他们都很受用，但就是只接受不改变。班级显性文化建设也做了不少，却只改变了他们的一些外部不良行为，内在的心灵环境并未得到改善。

好孩子是讲道理讲出来的吗？不是！好孩子是用积极美好的内容熏陶出来的。既然他们整日躁动不安，我为何不给他们开一剂"静"的药方呢？于是，我在"一心走路"班级独创了一套静文化，专门用来克制学生的"躁"。我用这套文化"熏"了学生三年，效果非常显著。具体是怎么操作的呢？

首先，讲清道理，获得学生的认同。"一心走路"班级为何要打造静文化？第一点是浮躁的班风不利于大家成长。第二点是沉静的内心可以帮助每个同学更好地聆听与思考。学生养成了聆听与思考的好习惯，未来的人生路就会走得更稳健。第三点关乎"一心走路"班级的成长理念：打造一个让老师和学生一生都充满光明的班级。既然我们的班级愿景是师生一生都要充满光明，那我们就必须习得"静功夫"，方能宁静致远，大放光明。

其次，布置家庭作业，要求学生通过查字典，或者百度搜索，多角度探索"静"的字面意思与引申意义。

学生通过自查自学，可以获得如下知识点：

静的字面意思包括：停止的，与"动"相对：静止、静态、静物、平静，风平浪静；没有声音的：安静、寂静、静悄悄、静穆、静谧、静默、静观、静听等；安详，娴雅：静心、静坐。

由此，还可以想到：静，是一种气质，也是一种修养；静，是要经过锻炼的，古人叫作"习静"；心浮气躁，是成不了大气候的。诸葛亮云：非淡泊无以明志，非宁静无以致远。

最后，我根据学生提供的相关知识点，引申出"静能生定，定能生慧；静以养性，静以养德"的文化理念，从而推导出静文化的内涵，文字呈现如下：

静听——静听则明

静心——静心则专

静思——静思则通

静坐——静坐则宁

静默——静默则熟

这组文字被打印下来张贴在教室的墙面上，我要求每个学生都要烂熟于心，我自己也随时与学生一起大声地朗诵。

除此之外，我还向学生提出了静文化的目标：一个是外在目标，行静；另一个是内在目标，心静。所谓"行静"就是指自习课上，学生不可以随意下位和闲聊，教室里要保持安静；课间时，学生不可以在教室、走廊疯狂追赶、打闹、尖叫，更不可以上下楼梯乱串。所谓"心静"就是指心中平和，充满阳光，无杂念，情绪稳定，不暴躁。

"知是行之始，行是知之成"，道理讲清楚了，咱们就要出台具体的措施将静文化落地生根。

行静需要习得，也就是"练内功"。我会选择下午放学之后，要求每个学生清空自己的桌面，身体放松，大脑放空，双手平放桌面，或者平摊膝盖，闭目静心。接着，我让学生听我事先准备好的、可以令浮躁之心静下来的轻音乐，如《寂静之声》，这首曲子一开始就用鸟儿欢快的鸣叫声将人带入一片洒满阳光的乡间田野，那里朝阳初升，空气无比清新怡人。听的人可以跟着曲调自在呼吸，忘记了一天的烦躁，也放下了压在心头的重担。又如《雪的梦幻》，这首曲子一开始有水波荡漾的声音，慢慢地给人感觉像是天空飘起了小雪，柔和的音乐让人觉得整个人都放松了。

心静需要滋养，也就是用音乐与文字对学生进行美的熏陶。由我与学生一起商量选什么主题的音乐，每个学期一个主题。第一学期的主打乐器是葫芦丝，第二学期是陶笛，第三学期是古筝，第四学期是琵琶，第五学期是小提琴，第六学期是钢琴。具体曲子由学生选择，课件由文娱委员牵头制作，各小组分工合作。具体操作如下：

养心时间：每天下午2点到2点10分，时长为10分钟。

养心要求：学生入室即入座，可以看书，可以写作业，可以趴台睡觉，就是不可以说闲话。一个字：静。

操作实施：每周一个课件，哪个小组负责的课件就由哪个小组的组长安排组员上台操作。操作员把课件打开，音乐放出来，声音调试到大家听着愉悦即可。周一到周三，操作员要将课件上的文字配乐朗诵给大家听。周四和周五的下午，操作员则配乐朗读800～1000字的小故事给大家听。我不硬性要求学生必须记下这些故事，但我提醒学生可以有意识地记一些令自己受启发的金句，写作文时恰如其分地引用这些金句可以提升文章的深度，这绝对有助于作文提分。

我把"每日一养"的课程称为"养心课程"。学生每天下午都会受到音乐、美文的熏陶。一周熏陶不好，没关系，两周，三周，一个学期，一个学年，三年，持续不断地熏陶，好学生就"熏"了出来。"一心走路"班级最终被我"熏"成了学校的示范班级，中考时也考出了超过预期的好成绩。

二、死寂班级打造奋进文化

有一年的暑假教师大会上，我听到负责教学的校长宣布要我留任新初三，教初三9班和10班的语文，当初三9班的班主任。我当时很惊讶，按照惯例，我带完一届就应该带初一了，干吗把我留到初三呢？即使要留下来，事先与我沟通一下，征求一下我的意见难道不好吗？但是领导没有这么干，直接在全体教师大会上宣布了我新学期的工作安排。

我当然很不开心，但是，既然领导已经当着全校教师的面宣布了我的工作安排，我也就只好认了。一个同事告诉我，我要接手的初三9班，成绩特别差，差到什么程度呢？据说初中两年，四个学期，这个班级每门学科的每一次考试成绩都是年级垫底。此外，两年里，班级一共有20次评"文明班"的机会，这个班一次都没拿到！每一学期学校都会组织两三场大型的、以班级为单位的活动，他们也从未拿过集体奖。

更可怕的是，他们已经气走了三个班主任，我即将成为他们的第四任班主任。成绩差，我不怕，反正都已经是年级倒数第一名了，即便我带着没有进步，至少也不会再退步了！至于"文明班"评比活动，这难不倒我，只要我愿意，就一定能评到"文明班"。至于集体奖，我就更不用操心了，反正到了初三，师生们就一门心思抓学习了，备考才是大事情，大家也不再参考大型的集体活动了。我最担心的还是，他们会不会把我这个第四任班主任也气跑了呢？如果这样的话，那我在光明中学苦熬四年挣得的英名就毁于一旦了。

暑假期间，我利用自己善写会讲的优势，写了一篇激情昂扬的演讲稿，把稿子背得八成熟，还独自试讲了好几次，自我感觉效果相当不错。我想在开学第一天与这群学生见面时，来一场慷慨激昂的演讲，利用心理学的首因效应来个"一炮打响"。我甚至还为这个开学第一面做了头发，买了新衣服。完全出乎意料的是，这一炮竟然被我打哑了。

8月31日上午，与这群学生第一次见面时，我做了个简单的自我介绍，随后就开始进行事先准备好的演讲。我自评当时的状态还不错，但是下面的听众没有我预期的反应。他们静默而坐，目光呆滞，不悲不喜。我大骇，这完全超出我的预期啊。我心里开始犯嘀咕：他们为什么没有反应呢？这是喜欢我呢，还是讨厌我？我嘴巴上在激情演讲，脑子里却在胡思乱想。终究，脑子乱了，演讲内容忘了，嘴巴也只得闭上了。原本一场激情昂扬的演讲，在学生冷淡的反应下戛然而止。

铩羽而归后，我开始反思，对于这种全班基本处于"死机"状态下的班级，讲道理简直就是将小石子抛入大海，涟漪都不会泛起一个。每天追赶着他们学习，也只是我单方面释放精力和热血。我需要创设一种积极向上的氛围，每天持续不断地去激活他们。只有先把他们唤醒，才能把他们点燃。

于是，我决定制作一套课件。我选择了王俊雄的书香音乐系列作为背景音乐，目的不言自明。每张PPT上的背景选择的都是蝶舞图片，寓意着他们终有一天必能破茧成蝶。课件上的文字来源于皮克·菲尔的《气场》一书。

第一周，我用"决心：最重要的积极心态就是决心，是决心在改变你的命运，而不是环境"这句话作为开门第一枪。

学生每天下午2点进班，但不能落座，怎么站呢？我要求每个人都要站立在椅子旁侧，两脚与肩同宽，腰背挺直，目光炯炯，表情严肃，听我指令行事。

学生站好后，我还要关门、关窗、拉窗帘，室内和室外必须处于失联状态。一切准备就绪后，我放出课件并要求全班学生和着音乐，大声地把课件上的文字朗读出来："决心：最重要的积极心态就是决心，是决心在改变你的命运，而不是环境。"学生第一次读得太小声，我很不满意，要求他们超大声地再次朗读，他们只得拿出吃奶的劲大声朗读。教室里顿时响起了学生铿锵有力的声音，我故作不满意，要求他们气冲斗牛般再朗读一遍，不会发声的干吼干叫也行，总之我要气势，排山倒海的气势、碾压一切的气势。

待学生读出了藐视一切的气势后，我开始毫不客气地数落他们："两年时间，若干次考试，每一次考试每门学科都排年级倒数第一，丢不丢脸？说！"我这"说"字一停，立马爆出一声巨响，这是戒尺敲打讲桌所发出来的声音，是敲山震虎的路数。学生被我的气势以及戒尺拍打讲台的声音所吓倒，立即异口同声地答道："丢脸！"

"那么请问你们，想不想明年光明正大，昂首挺胸，有尊严、有底气地从光明中学毕业？表态！""态"字声音一止，我手中的戒尺又重重地敲打在讲桌上，学生又是一吓，赶紧集体表态："想！""想就大声说出来！"学生高呼："想！想！"

一周五天，我每天下午都按这个套路刺激那帮精神不振的学生，效果虽然来得慢，但我发现学生的态度开始变得积极。老师提问，有人回答了。课堂上有人开始做笔记了，作业也越交越多了。下课时间，也有学生主动问我深圳有哪些高中办得好，高中录取分数线是多少等。

第二周，操作套路与第一周一样，只是课件上的文字换成了"企图：对于达到自己预期的目标要有强烈的成功意图，而不仅仅是计划和希望"。我先按第一周的套路逼他们表态，然后鼓动他们说："当我们跌入谷底跌无可跌的时候，就必须绝地反弹，要把胜利两个字写在额头上，要有赢的野心！还必须有行动！隔壁10班，与你们是兄弟班，我教他们语文，我知道他们四个学期都表现不俗，有没有哪个同学，下课的时候，敢站在10班教室的门口，大声说'10班，我们9班要挑战你们！'我这话一出口，学生们就笑了，弱弱地说道："我们不敢。"

事实上，我已经私下给10班的学生做了思想工作。我说："9班和10班都是我负责的班级，你们都是我的弟子，我希望咱们两个班能够齐头并进。但是，我也很清楚，9班与10班的差距很大，但如果我不努力去推动他们，9班该如何进步？所以我希望咱们10班的同学能够在精神层面支持9班。最近我在培养9班同学的勇气与自信，我要求他们来挑战咱们10班。我希望当他们过来的时候，咱们10班的同学能够豪气地回一声："9班加油！'"

我在9班反复鼓动学生勇敢地向10班发出挑战，最终有两三个学生下课时去到10班教室门口说："10班同学，从现在开始，9班要向你们发出挑战！"这边话声一落，10班的学生就齐声答道："9班加油！"9班学生大受鼓舞，去10班挑战的次数越来越多。

第三周，形式未变，只是课件内容换为"主动：被动只会将命运交给别人安排，只有主动出击，机遇才把握在自己手中"。

每一周的形式都是固定的，变化的只有背景音乐和文字。音乐嘛，都是悠扬积极的书香系轻音乐。文字嘛，都是一些励志鼓劲的句子，只要能刺激学生的上进心，唤醒他们的灵魂，均可使用。

我记得我们的奋进文化推行到第三周时，就有不少学生跟我说："老师啊，要是你初一就来教我们，我们也不至于这么差啊！"我答道："任何时候开始都不晚！只要你开始了，就不要停止！"

我要特别说明一下，这个班级叫莲韵九班，我只带了初三这一年。但是这个班的中考成绩由长期霸榜的年级倒数第1名上升到年级第4名（一个年级有10个班）。原定培养出3个目标生，竟然有8个目标生，相比最初的目标，超额完成任务。

最大的收获还不是这些显示着进步的数据，而是学生的态度发生了极大的变化：被动变得主动，磨蹭变得迅速，消极变得积极，封闭变得开放，"要我学"变成了"我要学"。

三、野蛮班级打造雅文化

2016年至2019年，我又带了一个原生班级，一带就是三年。这个班级的学生，既不过分躁动，又不过于安静，这种氛围恰到好处，我感到甚是庆幸，终于遇到一个不用我太操心的班级了！

"一心走路"班级的整体成绩虽然好，但躁气太重，不得不让我挖空心思打造一套静文化对他们进行长达三年的熏陶。虽然有效，但战线很长，生效缓慢，特别考验我的耐性。如果我不是心怀"教育是慢的艺术"的教育信念，可能中途就放弃了。

虽然我只带了莲韵九班短短一年，但奋进文化从构思到落地实施，都是我亲力亲为，并且每天下午都要与学生一起大吼大叫，很累。虽然中考时学生成绩进步显著，学习状态也发生了可喜的变化，但那一年我感到身心疲惫，嗓子时常处在嘶哑状态。如果不是因为我秉持"教育的核心目的在于激扬孩子的生命"的教育理念，估计也会虎头蛇尾。

现在我终于遇到一个既不躁动也不死沉，很听话、很配合，对我极其敬服的班级，并且还是从起始班级带起，纯原生班级，每个学生都是我的好学生。我感觉我教育生涯的好日子就要来了！

哪知才暗自得意了几天，我就高兴不起来了。因为这帮学生特别喜欢说脏话，把一些不雅的词语当成他们的口头禅在舌尖上碾来滚去，并且还不觉得这是错误的行为。我非常生气，也百思不解：这可是深圳呢，他们好歹也是在一线城市长大的孩子，怎么满口粗话？

我相信这些学生的父母也并非满口粗话的人，毕竟深圳不是乡野，他们不敢随意释放人性里的野蛮。这些学生应该是受到了朋辈的相互影响才导致整个群体都在说脏话，哪一个若不说，就可能遭到孤立或被边缘化。我要改变的不是哪一个学生，而是要影响整个群体，只要把群体变成温文尔雅的集体，个体就能变得文雅有礼了。

具体怎么做呢？道理自然要讲，不然他们就不知道说脏话的负面影响。但道理不可多讲，真正要花大量时间来做的，还是要在班级里推行一种文化，用文化去引领学生进行自我教育，我把这种文化称为"雅文化"。

我向所有学生描述了我听到他们说脏话时的内心感受：首先是很尴尬，毕竟粗野之语听着不爽；其次是很没面子，因为说脏话的是自己的学生；最后是很自责，觉得是自己没把学生教好。

我把我的感受真实地告知学生，比讲道理更能引起学生的共情，让他们从心底里认识到说脏话给别人造成的困扰，从而在心里生出改正的念头。

学生有了同理心后，我就可以向他们表达我的需要：我们的理念是成长为一个格调高雅的班级，让每个学生都朝向美好。因此，我希望我们班的男女学生可以和平共处，互相欣赏和帮助。我还希望我带出来的每个学生都能修炼出美好的气质。

表达完需要之后，我就向学生提出合理的建议：我们的班级叫雅墨10班，班级成长理念的关键词是"高雅""美好"。那么，我们班级就应该有自己的独特文化，我建议取名为"雅文化"，重点在"雅"字上面做文章。

我提出这个建议之后，所有学生均无异议，表示非常期待。接下来就是建构雅文化的核心理念以及制定实操策略了。

"雅"有多种解释，在此我只取"高尚，不粗俗"之意，主要是指人的言行要干净、文雅，有利于人与人之间的健康交往。由此，我提炼出了雅文化的关键词：文雅、优雅、儒雅、典雅、高雅。具体要求是：男生要文雅，女生要优雅，男老师要儒雅，女老师要典雅，整个班级要高雅。

雅文化的关键词定下来之后，我就要敲定"雅"的核心素养：

文雅：谦虚、有礼、大气、幽默、负责任、尊重女性。

优雅：善良、勤奋、健康，有见识，善解人意。

儒雅：干净、有序、博学、有礼、风趣、阳光，有风度。

典雅：知性、乐观、庄重，有学养，情绪稳定。

高雅：高尚、不俗、积极、上进、和谐、温馨。

雅文化的核心素养敲定之后，学生是不是就自然而然由粗俗变文雅了呢？事情没有那么简单，想让学生发生真正的改变，必须要有具体的、让他们一学就会的操作方法，并且还要让他们在改变之后感受到前所未有的成就感。

我根据学生的实际需求，特地为他们制定了"36条修身策略"，不遗余力地去推动学生养成尊重他人的好习惯，以此覆盖他们以前喜欢说粗话的坏习惯。附《雅墨10班修身宝典30条》如下：

1. 开口说话前，先整理一下措辞。

2. 无论是剪刀还是美工刀，永远握着刀刃，把刀把那一头递给别人。

3. 进出商场超市时，永远回头看看身后是否有人，帮人家撑一下门。

4. 推门、按电梯门时，让别人先出。

5. 坐别人车的时，轻一点关门。

6. 遇到对方说话时，不急于反驳他人。

7. 不打断别人说话。

8. 不乱动别人的东西，尊重别人隐私。

9. 经过门帘要放下时，注意后面是否有人。

10. 随身带上一包纸巾，方便自己，也方便他人。

11. 走路时，鞋不要拖地，不仅磨鞋，而且很吵。

12. 吃完麦当劳或肯德基后，稍微整理下垃圾，方便服务员清理。

13. 出门常备五件套：纸巾、口香糖（最好是不用咀嚼的糖）、钱包、手机、钥匙。

14. 开门的时候，如果身后有人，就帮忙扶一下门。

15. 任何时候，都要听完别人的话再说话，而且不要以自己的角度去判断一件事情。因为你认为对的事情，很多时候以对方的价值观来看却是错得离谱。

16. 不在洗手间谈论任何人和事，不传播绯闻。

17. 吃完饭后，把饭桌上自己产出的骨头残渣，捡到碗里倒掉。

18. 不给别人取别人不乐意或者带有侮辱性的绰号。

19. 女生在公共场合坐着的时候，把腿并着或是跷起来偏向一旁。

20. 挂电话时，等对方先挂断。

21. 戴着耳机不要跟人说话，说话的时候拿掉耳机。

22. 给女生递瓶装水或饮料的时候，把瓶盖拧松。

23. 饭桌吃饭的时候，不要把茶水壶嘴对着别人，放下筷子的时候也别把筷子对着别人。

24. 说话的时候看着别人的眼睛，对视的时候请微笑。

25. 旁边有熟人，不要自己低头玩手机；吃饭的时候，不玩手机；走路的时候，不要一边走一边玩手机。

26. 开玩笑要以不伤害别人，且别人能够接受为度。

27. 咳嗽、打喷嚏时，得体的做法是别过头去，用纸巾或手肘的衣袖内侧捂住口鼻。

28. 回家或离家一定要与父母打招呼，或说"妈妈，爸爸我走了"，或说"妈妈，爸爸我回来了"。

29. 有人送你东西时，绝对不要嫌弃礼物，也不要暗示你不领情，侮辱送礼的人。

30. 记住亲人的生日，并致以祝贺；自己过生日时，一定要记得向母亲表达自己的感激。

上述修身策略里没有一条提到"禁止爆粗口"，当学生在没有任何抗拒的状态下顺理成章地把上述习惯都养成后，"爆粗口"的现象自然而然就会消失。当一个人美过，就不想丑了；当一个人被尊重和肯定过，就不想被轻视和否定了。

四、优秀班级打造价值文化

2019年6月，我的雅墨10班毕业了，学校没有安排我教初一，而是继续留任新初三，承担初三6班（也叫璀璨6班）的语文教学和班主任工作。

这个班的学生整体上很守规矩，成绩也相当不错，尤其是尖子生均名列年级前茅，长期霸榜年级前十名的学生就有四五个。他们中有不少学生都立志考深圳的八大名校。

如此优秀的班级，按理说我只需要与他们建立和谐的师生关系，然后师生同心，一起迎战中考，学生得利，我得名，岂不是皆大欢喜？

但是，我发现这群学业优秀的学生，个性独立的同时比较自私，除了很上心自己的成绩，对其他的事都是一种事不关己，高高挂起的心态。无所谓合作，也无所谓奉献，更无所谓家国情怀。鉴于此，我心中难免担忧：这些学生今后极有可能成为社会的精英，或者某个行业的领头人物。如果他们的价值体系里只有自己，那我岂不是在培养精致的利己主义者？利己当然没有错，但我们必须做到利己也利他，这个世界才会和平安宁。我必须趁这群学生还在可塑期时为他们重塑价值观，给他们点一盏心灯，助力他们在未来的人生路上走得更远。

这个想法最初源于发生在我父亲身上的一件事。

2018年5月，我父亲在遵守交通规则的情况下被一辆摩托车撞倒，休克二十来分钟。事发后，很多人都说摩托车师傅这次栽了，估计要赔得倾家荡产。

我爸的一些朋友也建议他趁机赖在医院，把旧病新伤一并治好，出院时再讹摩托车师傅几十万元。

但是，我爸没有讹诈金钱，肇事者也没逃避责任。我爸被送往医院救治，肇事者夫妻百般殷勤。我爸伤好后出院，肇事者夫妻还买了礼品，专程到我爸家里看望，并且还要认我爸为义父，说是结成亲戚日后好走动。

我和我弟对肇事者夫妻没有半点微词，对他们周到细致照顾我爸的行为，以及事发后敢于承担责任的精神赞赏有加。

为何我爸不趁机讹诈肇事者一笔钱？

为何我爸会对肇事者本应承担的责任充满感激？

为何肇事者夫妻表现出超乎寻常的仁义？

因为，在我爸的价值体系里，刻着"树活一张皮，人活一张脸，绝不可以给别人添麻烦"的价值观。在肇事者夫妻的价值体系里，刻着"既然祸是我惹的，我就得承担，就要把别人的父母当作我的父母来照顾"这样的价值观。

所谓价值观决定行为模式，在我爸与肇事者的这个例子中就得到了充分的体现。如果他们各自怀着错误的价值观，一个想要讹，一个想要逃，那么这出戏就会特别热闹。估计还要把我和我弟卷进去，耽误工作，耗损精力，极有可能还会对簿公堂，人力物力财力都消耗甚多。

由此，我想要在璀璨6班创建价值文化，帮助学生重塑正确的价值观。那么何为价值文化呢？就是积极价值观落实在行为上的一种文化体现。比如一个真正认同并接受"己所不欲，勿施于人"价值观的人，他就不愿意把自己不喜欢的行为施加给别人。他就更具有同理心，更规范自己的言行，不会没事找事麻烦他人。

那么，我要在璀璨6班创建什么样的积极价值观并督促学生落实在行为上呢？

1. 积极的生命观

每一个生命都有活着的资格，任何人不可以随意剥夺。每一个生命都应该被尊重，被善待。表现在行为上，那就是不侮辱别人，不殴打别人，不因长相、学业、家境的差异歧视他人，尊重生命的多样性与差异性。

2. 积极的生活观

树立"好学、知耻、上进、快乐、包容、助人"的积极生活观。表现在行为上，那就是不仅自己认真学习，还要推动身边的人认真学习，犯错后，不仅能认识到自己的错误，还要勇敢地改正错误。别人不小心冒犯了，一笑了之，心中辽阔，人生路才宽阔。

3．积极的个体观

每一个生命都很重要，在物质面前，个体的生命占第一位。每个生命都拥有独特的个性，有表达的自由，有爱和被爱的权利。当然，所有个体在为自己争取自由的同时，必须遵守大家共同制定的规则。表现在行为上，那就是不随便评价、羞辱、物化别人。

4．积极的集体观

每个学生在思考问题时都应该有全局观念，也就是整体观念。在处理问题时，要站在整个集体的角度来进行。正所谓"皮之不存，毛将焉附"，集体都崩塌了，哪有个体存在的可能？表现在行为上，那就是要积极参与班集体活动，为班集体增光添彩。

5．积极的家庭观

首先是亲子关系。营造好的亲子关系，不能只靠父母，也要靠子女。子女要学会体谅自己的父母，用行动爱自己的父母，让自己的父母感受到他们的付出有所回报，增强他们爱护子女的信心。接下来是手足关系。在这个世界上，有血缘关系的就那么几个人，这是天大的缘分，因此一定要珍之、重之。最后则是祖孙关系。爱父母，也要爱父母的父母。表现在行为上，那就是要珍惜家人、爱护家人、重视家人的感受，为家人的幸福而努力奋斗。

6. 积极的国家观

不损坏国家利益，不泄露国家机密，立身自己，做好自己的分内事，并推动某个行业的发展。表现在行为上，那就是自己努力学习，也推动同学努力学习，报效祖国最重要的做法就是入世之前要练好本领。

价值观从嘴巴里说出来，叫道理；用文字写出来，叫理念，在学生那里都很玄幻。因此，老师除了要反复宣讲价值观，还要把它们变成具体的、可操作的行为，并且是持续不变的、一贯实施的行为，这才叫价值文化。

回顾我多年的带班经历，无非就遇到了这4类班级。我针对不同的班情，打造了各具特色的班级文化，都取得了超越预期的效果。这充分说明，文化育人是养心护心的育人方式，而针对班情的特色文化育人，则是直达心灵深处的育人之道。

如何在假期开展育人活动

我们扪心自问：假期，教师可以与学生失联吗？从工作边界来讲，确实可以失联。在国家法定的休息日，教师可以居家享受惬意人生，或游山玩水饱览祖国河山。再说了，师生失联好处多呀，比如：

一是眼不见，心不烦。调皮鬼、捣蛋精统统在眼前消失，老师心情也会很好。心情好，身体好，形势一片大好。

二是省事、省心。作业做或不做，那是学生自己的事，也可以是家长的事，但绝不是老师的事。纪律守或不守，反正看不到，眼不见心不烦。

归结为一句话，假若老师们整个假期都与学生保持失联状态的话，日子过得确实比较轻松。

但是，我们是教师呀！教书育人是老师的天职。诚然，假期里老师不必传授学生课本知识，但育人还是很有必要的。老师不对他们负责，谁会对他们负责呢？因此，倘若整个假期老师都与学生失联，一定会出现很多问题。

一是师生感情会变淡。师生之间一两个月杳无音信，感情再深也会变淡。师生感情一旦变淡，学生对老师缺乏依恋感，老师若想影响学生就变得困难重重。

二是学生自我放飞难收心。每个老师都会对学生讲一个道理：优秀的人都有很强的自控力，他们很会安排自己的时间，知道自己想要什么，根本不需要外力督促。问题是，很多时候我们费尽九牛二虎之力，不过是把学生从平庸变成普通。老师却希望他们像优秀的人那样在漫长的假期里把自己管好，纯粹就是强人所难！即便是成年人，又有几个能利用假期"弯道超车"？还不是一有机会就黏在沙发上不起来，一有机会就抱着手机不放。要是没有外力督促学生，他们的心不知道有多野！开学交来的作业，老师看了都想吐两碗老血。

三是关系疏离难服从。由于长时间的失联，师生之间缺乏有效交流，关系就会渐行渐远。老师会在不经意间忽略学生的存在，学生也会在不知不觉中屏蔽老师的感受。师生之间一旦有了隔阂，学生心里就不再服从老师。

四是缺乏榜样难育人。学生放假回到家，身边的人都不再看书写作业，自身也提不起劲头来读书写作业。未成年学生心性未定，三观不全，身边缺少正向的榜样示范，就容易放纵自己。

通过上述对比，权衡利弊，从学生发展的角度来看，假期失联确实不可取，但老师若对学生关注过密又会惹人嫌。因此，这里面又有一个度的把握，什么样的度才合适呢？

我建议由班主任打头阵，其他老师敲边鼓，与学生三天一闲聊，五天一总结，十天一回顾，十五天一展望。

所谓闲聊，就是不给学生设置目标，不刻意询问学生作业进度，而是就假期见闻请大家畅所欲言。大家在闲聊时，可以八卦，可以开玩笑，可以斗图，也可以用心领神会的暗语……总之，开心就好，参与就OK！

所谓总结，就是引导学生对近五天内的假期生活做一个梳理：收获有哪些？错失有哪些？做得好的如何保持，做得差的如何改进？寥寥几句总结，只要养成习惯，对学生的成长就有助力。

所谓回顾，就是对过去的十天做个复盘，及时调整新的学习进度和生活目标。

所谓展望，就是对未来生活的憧憬。班主任一定要成为一个画饼高手，每隔半个月给学生画个饼，让学生看到希望，燃起斗志。比如给学生描绘一下提前把作业写完会有多爽？或者学生们自己也可以畅谈，比如开学咱班要搞哪些创新活动，让他们动脑子，出点子。

以上内容要是仅存于思考层面，不行动，一切都是妄念。因此，行动才是改变的王道，也是呈现效果的最佳手法。

假期，班主任也可以大有作为。

一、假期育人读一读

毋庸置疑，读书是丰盈精神世界的最优选择，但开卷并非都有益。这需要班主任帮学生把关，选择营养价值高的书籍来阅读。

（一）读经典名著

班主任最好请语文老师根据课标要求安排学生读经典名著。这样一来，既帮助学生完成了课标要求，又有利于考试提分，还能滋养他们的灵魂，令其心明眼亮，一举多得，何乐而不为！

（二）自主阅读好书

除了阅读名著，班主任还要建议学生进行自主阅读。既然是自主阅读，就意味着学生要自行选择阅读文本。不过，市场上的学生读物鱼龙混杂，若全然让学生自选书籍的话，他们难以把握。鉴于此，班主任要有意识地为学生推荐一些有趣又不失深度的好书。

男生喜欢冒险，就推荐英国作家C.S.刘易斯的《纳尼亚传奇》，托尔金的《霍比特人》和《魔戒》，J.K.罗琳的《哈利·波特》和《偶发空缺》。

女生喜欢小清新的文章，我力推李娟的《冬牧场》和《羊道》系列，李娟的每本书我都读过，非常好看。此外，英国兽医作家吉米·哈利的"万物"系列，以及他写的所有与动物有关的书籍都值得一读。我个人觉得吉米·哈利的书比沈石溪的动物系列有营养，读后很治愈。

（三）亲子共读

我个人建议父母与孩子共读，并且提议孩子们做一做读书笔记。在书中为自己找一位榜样，把自己代入到故事情节中，然后对自己进行教育。

我在初中阶段偶遇了生命中三位重要的作家及他们的代表作，对我影响特别大。

第一位是张扬，我读了他的《第二次握手》，我就决定要做丁洁琼那样知性、优雅的知识女性。

第二位是路遥，我读了他的《平凡的世界》，我就决定要做田晓霞那样独立自主、积极向上的现代女性。

第三位是金庸，我读了他的《射雕英雄传》，我就决定要做黄蓉那样百变机灵，又能坚守底线的智慧女性。

读书，是我平时做得最多的事情。我一直很固执地认为：唯有读书，才能提升认知，修炼智慧。

二、假期育人写一写

为什么要写？因为书写就是输出，输出的过程就是思考，就是自我教育的过程。班主任可以对学生做如下建议，需要注意的是，这是建议，而不是要求，也就是说学生不愿写，不强求。学生在假期里只要能完成学科老师布置的任务就无须苛求了。

（一）写日记

我建议学生每天写100～300字的日记，写给自己看，内容、形式不限。只要能坚持写3年日记，写作文就不再是难事。

（二）写心得

根据语文老师假期的阅读安排，班主任可以建议学生写阅读心得，有助于提升学生在解读文本、叙述故事、分析事理方面的能力。

（三）开公众号

这种具有一定技术含量的活一般只建议有写作天赋的学生来做。我带的少侠一班有四个学生注册了自己的微信公众号（由父母代注册）。虽然他们更新缓慢，但好歹有个自己的窝，因此他们特别有成就感。

三、假期育人"晒一晒"

我这里所说的"晒"就是在公众平台展示，让他人点赞。未成年学生还没有稳定的自我评价能力，他们需要听到外界对他们认可、赞赏的声音。班主任正好可以利用假期组织家长在QQ群、朋友圈大晒特晒自家孩子在假期的优良表现，具体晒什么内容呢？

（一）晒孩子做家务

我的假期作业基本上都是安排学生做家务，比如做饭、买菜、洗碗、拖地、洗衣服等。做家务特别能够培养孩子的责任感和独立生活的能力。孩子做家务时，家长可以拍照发到班级QQ群，让其他家长给孩子点赞，也可以录制视频发到抖音里请亲戚朋友围观。

（二）晒孩子送的礼物

很多家长怕孩子放假，并非不愿意督促孩子写作业，而是孩子长时间在家里待着容易引发亲子矛盾。网上有个段子可谓是一语中的：不谈作业母慈子孝连搂带抱，一谈作业鸡飞狗跳嗷嗷喊叫。为减少亲子矛盾，我要求每个学生假期都要给父母准备礼物：

　　一句温馨的感谢话。

　　一个温暖的小动作。

　　一张精美的祝福卡。

　　一则温情的小短信。

　　一顿依恋的电话煲。

　　一段有趣的小视频。

　　这只是我抛出来的砖，学生最终会挖出多少玉，任他们自由发挥，反正他们每次都没让我失望过。

　　当孩子们送出礼物时，无论礼物做得怎样，家长都要笑纳并表示感谢，然后发在朋友圈，让所有的家长和老师都来为孩子们点赞。

　　（三）晒孩子的假期作业

　　孩子们的假期作业做得如何暂且不论，晒出来让大家看看很重要。做得好，点赞多，反响大，孩子喜之不胜，自信满满，更加认真对待作业。做得不好，点赞少，反响小，孩子失落之余就会端正自己的态度。当然，每个班都有对什么都无所谓的孩子，但这不是班主任放弃这个做法的理由。

　　（四）晒孩子运动的场景

　　现在很多孩子放假哪里都不想去，他们总爱说一句话：别人在路上堵心，我躺在床上养心，不香吗？不能说孩子的话没有道理，但让孩子多运动，好处一定多于宅家不动。因此，孩子运动时，家长就在一旁拍照，录视频，完了发到朋友圈。孩子未必在意朋友圈的点赞，但他们很享受父母关注的过程。

四、假期育人走一走

人总要走出家门，才会看到一个更大的世界。平时家长上班，孩子上学，没有时间朝外走。放假了，孩子有大把时间。这时班主任就要鼓励家长带着孩子出去走一走，走着走着，孩子就懂事了。

（一）带着孩子走亲戚

你若问现在的孩子：家里有哪些亲戚？家住何方？渊源多深？他们大多一知半解。亲戚不走就不亲了，亲戚没了，孩子的外部支持系统就薄弱了。因此，班主任可以在放假前建议家长带孩子去走走亲戚，把家族的关系脉络理清楚，说不定孩子就会从中受到影响。我课外阅读的启蒙老师，就是我妈带我走亲戚时遇到的姨表哥。

（二）带着孩子走公园

公园环境清幽，景色优美，雀鸟相鸣，此境此景，可以让人的内心顿感宁静。父母带着孩子去公园逛逛，不谈学习，也不谈理想，而是闲聊、八卦、胡扯、海侃。孩子感受到了父母的关爱、家庭的和谐、环境的变化、国家的美好，心中的幸福感和自豪感便会油然而生。

（三）带着孩子走山水

读万卷书不如行万里路。假期时间充裕，父母可以考虑带着孩子远足。一家人商量好远足的地点后，父母就让孩子上网做旅行攻略。第一次做攻略，父母可以指导；第二次、第三次，孩子就可以独立完成了。班主任还要提醒家长，指导孩子做旅行攻略时，除路线、酒店之外，还要把每个景点的地理位置、历史典故、文化现象等搞清楚。若涉及人文景观，更要把景观的设计理念、文化内涵、历史意义搞清楚。等真正行走时，就让孩子来充当小导游。久而久之，孩子就会以肉眼可见的速度成长。

五、假期育人做一做

我这里所说的"做"，是做事的意思，"做事之中成人，成人之中做事"。那么具体可以让孩子做哪些事呢？

（一）做义工

给孩子注册一个义工证，领一套义工服。家长可以亲自带着孩子去社区捡垃圾，去高铁站指导乘客刷身份证进闸，去医院指引病患就诊等。如果家长没时间亲自带孩子去，可以让孩子直接去社区志愿者之家申领任务。

（二）做宣讲

如果孩子口齿伶俐，且喜欢抛头露面，那就让孩子去博物馆做解说员，去公共场所宣传环保知识，去社区宣讲禁毒知识。这些活动能锻炼孩子的表达能力和社交能力，并且孩子在向他人宣讲的同时，也教育了自己。

（三）做家务

前面"晒一晒"那里我已经讲了让孩子做家务。这里再次强调，千万别把孩子培养成饭来张口、衣来伸手的"公主""少爷"。

六、假期育人动一动

身体动起来，脑子才会活起来，精神世界才会丰富起来。爸爸妈妈分工合作，把"神兽"赶出家门，用"动"去激活孩子的状态，进一步建立亲密的亲子关系。

（一）爸爸带着孩子运动

不论是女儿还是儿子，爸爸都可以利用周末带着孩子出去运动。登山、漂流、骑车、打球、慢跑……只要是亲子之间的双向运动，都值得去参与。

（二）妈妈带着孩子活动

妈妈心细，手脚麻利，善做美食，且善解人意，容易与他人产生同理心。因此，妈妈利用周末带着孩子搞一些活动，既可以培养亲密的亲子关系，又可以提升孩子的社交能力。比如参与亲子共读活动，带着孩子去户外烧烤，去大学城游览，去郊外游玩等。这些活动都能潜移默化地促进孩子成长。

七、假期育人聚一聚

这纯粹就是班主任个人的意愿了。如果班主任在假期未远游，并且又有空余时间，内心又有与学生见面的渴望，那么时不时安排时间邀三五学生聚在甜品店喝杯冷饮，吃些小吃，聊个闲天，问下近况，师生双方都很惬意。大家对新的学期也会充满渴望，开学初期的假期综合征基本不会出现。当然，班主任确实有其他事情，或者已经出游无法与学生见面，只要与学生保持着畅通的联系，不见也不影响感情。这种事情做了，未必是师德高尚的表现；不做，也不能说不负责任。一切视现实情况和个人需要而定。

最后还强调两点：一是安全教育。班主任一定要不厌其烦地提醒学生防溺水、防火灾、防雷电……防止一切可能发生的意外。当个碎碎念的唐僧可能讨人嫌，但若没有碎嘴的唐僧，调皮的孙悟空又怎么能守规矩呢？二是榜样示范。班主任要求学生做这做那，首先要扪心自问，自己做到没？既然班主任要在假期开展育人活动，那么班主任自己就要事必躬亲，说到做到。作为语文教师，我布置的语文作业，我自己也会一字不漏地写完，甚至还会自行"加料"，比学生多做好几倍的作业。作为班主任，但凡我要求学生守的规矩，我从来不曾违反过。我始终坚信，教育者必须是学生不可忽略和否认的榜样，才有资格去教育学生。

如何应对校园安全与学生伤害事故

学生生命重于泰山，校园安全绝无小事。这句话绝不是刷在校园围墙上的标语看看就好，而是必须落实在每一个工作细节中，以确保学生在校园里身心安全地度过每一天。校园安全关乎到每个学生的家庭，2017年十大民生热词榜上，排在第一名的就是"校园安全"。班主任作为班级的建设者和领导者，又该如何在学校安全管理的基础上做好校园安全事故管理与应对呢？

一、防意外事故

算起来，我当过17个班级的班主任，要说一次安全事故都没出，那一定是在说谎。我从有限的几次安全事故中得到了深刻的教训，也总结了有效的经验。我认为减少或者杜绝校园安全事故，最重要的应对策略就是"防"。

（一）教室内防

教室是学生活动的主阵地，很多安全事故就发生在教室里，因此，班主任要经常检查教室里是否存在安全隐患。比如教室过道是否太过狭窄，地板是否太滑，窗户或者阳台是否容易造成下坠，学生是否擅自带火柴或者打火机，桌面或桌盒里是否有小刀或者尖锐的钉子等。也就是说，班主任要关注到教室的每个角落，把每个可能产生危险的隐患都要排除掉。我生了孩子后，夸张点说，几乎是拿着放大镜把家里每个角落都找了个遍，把所有可能产生危险的东西都藏在孩子够不到的地方，家具上的尖角也包了布，甚至直接就搬了出去，因此，孩子在家里从未受过伤。

教室里太窄、太拥挤，班主任就要安排安全委员随时提醒大家不要在教室里追逐、打闹，玩剧烈的游戏。下课时不要随意把头或者身体探出窗外。进出教室关门或开门时要求学生一定要先看人，再动门。禁止学生带打火机、火柴、烟花爆竹、铁钉、剪刀、尖刀等危险物品和工具到教室。

附《少侠一班教室安全守则》如下：

少侠一班教室安全守则

1. 反对所有同学在教室里追逐、打闹、疯跑、尖叫、抛物、玩球。

2. 扫地后地板湿滑，小心行走。

3. 反对将头、手挂在窗户上，搞卫生时，不支持站在窗台上擦拭。

4. 禁止带一切伤害性工具到教室，比如铁钉、剪刀、刀片等。

5. 禁止带火柴、打火机、鞭炮等易燃易爆物品到教室。

（二）课间防

课间是学生放纵自我的时候，疯跑、乱窜、爬树、滑楼梯、恶作剧等行为层出不穷。这些行为未必每次都会发生事故，但玩过头了，就很可能会发生打架、斗殴、伤人的不良事件。我以前带过一个班，有个学生很喜欢恶作剧，比如偷偷在女生文具盒里放虫子，又或者趁同桌起身时悄悄把椅子移位。有一次，正巧他把同桌的椅子移位后，同桌一屁股坐下来，落空坐到了地上，由于重心没有控制好，嘴撞到了桌子上，把门牙撞缺了。事情当然惹大了，如果不是因为受伤学生主动原谅，学生家长深明大义，这件事就会闹得很大。

自那以后，我对学生的课间就有了安全要求：下课后，可以出教室呼吸新鲜空气，但不能去别的班级门外徘徊；上厕所时，不可以乱开玩笑和打闹，不可滞留在厕所里；不可以滑楼梯，上下楼梯不能急速跑动。除非有生物老师带着，否则不可以去花园里摘花、抓虫和爬树。

（三）活动防

每学年学校都会举行运动会、艺术节、义卖会、美食节等各种大型活动。活动开展之前，一定要做一份安全预案。比如运动会前，班主任就要考虑到运动会举行时，大本营在哪里，需要哪些学生驻守；医药箱由谁负责，里面需要准备哪些急救药物；哪些运动员参加，他们的身体是否吃得消，以前在激烈运动时有没有出现过身体不适的现象。如果有，就一定不能参赛。比赛时，运动员要注意哪些方面的安全防备，啦啦队站在哪个位置助威。这些都要事前考虑周全。其实这些事情没有什么技术含量，也无关专业，关键是班主任要心明眼亮，要把学生的安全放在心里，要时刻牢记"安全无小事"并践行之。

附《少侠一班秋季运动会安全预案》如下：

少侠一班秋季运动会安全预案

一、运动会宗旨：安全第一，锻炼第二，比赛第三。

二、安全注意事项

1. 大本营派 10 人驻守，负责看管运动员衣物，确保运动员衣物完好无缺；看管班级饮水桶，确保饮水桶干净安全。

2. 两人负责班级医药箱，确保运动员身体不适时能及时得到救助，比如喝葡萄糖水、涂抹活络油、用酒精消毒、贴上创可贴等。

3. 校医联络员 1 人，如发现运动员或者围观同学身体不适，第一时间联系校医和班主任，招呼同伴将身体不适的同学送到校医室。

4. 运动员在比赛前如感到身体不适，第一时间向体委和班主任汇报，然后退出比赛。

5. 啦啦队必须在学校画出的安全线内呐喊助威。

6. 比赛赢了，大声为自己喝彩。比赛输了，大声为对手喝彩。坚决反对因为比赛输赢与对手班级对骂、互殴。

（四）上课防

体育课会涉及很多动作，学生应按照体育老师的要求做动作，尽量避免扭伤腿脚等事故。在美术课上，学生要按照美术老师的课堂规则上课，尽量避免美术剪刀伤到自己和同学。实验课上，学生更是要听从老师的讲解与安排，要避免实验时因燃烧、爆炸等产生的安全事故。这些课，班主任都不可能随时跟着，只能利用班会课不断向学生强调安全工作，然后安排科代表在课堂上进行关注，发现安全隐患及时向学科老师汇报。

（五）放学防

放学时段，有学生走路回家，有学生骑车回家，有学生乘公交车回家。对于走路回家的学生，班主任应该提醒他们要靠右走，走人行道，不与车辆抢道，雨雾天气一定要慢步缓行。对于骑车回家的学生，班主任应该提醒他们要经常检查车辆是否完好，刹车是否灵敏。骑车时要走非机动车道，还要靠右骑。骑车时不要逞能显摆，双手撒把，也不要戴耳机听音频。对于乘公交车回家的学生，班主任可以提醒他们要看清楚自己乘坐的车次，不要坐过站，不要跟着陌生人下车。

（六）防霸凌

很多隐蔽的校园安全事故与校园霸凌有一定的关联。因此，班主任一定要提高警惕，预防班级中出现霸凌情形。预防校园霸凌，班主任的态度非常重要。我本人对霸凌现象历来采取的是零容忍态度。另外，班主任的做法也很重要。我在拙作《做个能说会做善写的班主任》一书里有一篇文章专门详细讲述了班主任如何应对校园霸凌事件，在此就不赘述了。

（七）八防保平安

八防是防火、防电、防盗、防网暴、防诈骗、防骚扰、防溺水、防地震。关于这八防，安全教育平台上有相关文章，也有相关的作业。只要班主任认真引导学生阅读相关文章，认真完成相关作业，学生就知道如何防患于未然了。

二、守平安之班

如何才能守住一个平安的校园？这当然需要全体教职员工重视，也需要全体教职员工知行合一。作为班主任，我们要能守住自己的小教室，管好自己的小班级。那么，如何才能守住自己的小教室，管好自己的小班级呢？

（一）遵守学校安全办指示，落实安全教育

每所学校都设有安全办，有专门的领导干部和安全干事负责校园安全工作。比如他们会定期进行安全宣传、安全知识竞赛，定期邀请交警、缉毒警来校园讲解交通法规以及如何识毒和禁毒等知识，还会定期举行消防演练、防地震演练等。班主任不要觉得这些是无用之举，而是要做好学生的思想工作，带领学生认真对待。我个人亲身经历了2008年的汶川大地震，因为事前对安全这块很重视，所以地震来临时，我虽然惊恐，但不至于吓得六神无主。怎样在第一时间离开危险场所？躲在哪里最安全？心中还是一清二楚。

（二）学习安全知识

如果是小学班主任，我建议大家利用班会课，带着学生读《小学生安全漫画》，这套书图文并茂，深入浅出地讲解了如何规避校园中的各种危险，小学生读起来非常有趣且轻松。中学生就不喜欢读这类书了，因而班主任要经常提醒学生注意安全问题，不要怕学生厌烦。安全这个话题要天天讲，就像唐僧念紧箍咒一样，只管念，痛不痛是孙悟空的事。

（三）认真演练

我前文就说过，安全办每学期都要组织好几场校园安全演练活动。比如：消防演练，学生要在这场演练中学会如何使用灭火器灭火；溺水急救演练，学生要在校医的指导下学会急救溺水的同伴；防震演练，学生要在安全办主任的指挥下及时有序地撤离到指定位置。总之，每一次校园安全演练活动，班主任都要认真对待。人生在世，生命为大，不可儿戏！有些学生就会说："老师，这是假的，何必那么认真？"我会回答说："生活中有太多的假象，我们确实很难看清，但如果我们有正确的态度，指不定哪一次就真的派上用场了。"2008年5月12日，汶川发生大地震，桑枣中学2000多名师生在1分36秒内有序撤离，创造了"零伤亡"的奇迹，校长叶志平被人们亲切的称为"最牛校长"。桑枣中学为何能创造出这样的奇迹？一是叶校长反复加固了教学楼。二是学校经常进行安全演练，学生训练有素。当初叶校长在加固教学楼时哪里能想到会发生那么可怕的地震。学生在训练时，又哪里能想到会用得上，但就是因为重视这种"不可能"，重视安全演练才救了大家的命。

（四）认真完成安全作业

安全教育平台上，每学期都有定期的防溺水、防火、防电、防盗以及禁毒方面的相关作业，班主任也要进行授课，关注学生是否完成作业。很多班主任都很厌烦，觉得这些事没完没了。我个人早期也是这么认为的，但后来，我意识到这么做确实很有必要。学生安全不保，还谈什么教育？自那以后，我再也没有任何不满，每次作业出来，我都认真对待。不仅学生有收获，连我自己也有很大收获。小时候，没有人给我普及安全知识，我趁着这个机会，把以前的缺失全弥补了。

三、建立学生关系

以人为本的教育理念已经为广大教育者所接受，因此现在学校的硬件设施都设计得特别人性化。学生在学校里基本不会受到身体上的伤害，但是心灵上的伤害就很难说了。怎样才能避免学生的心灵受到伤害呢？具体的做法当然有很多，我最推崇的还是在班级里建立和谐的生生关系。

我带班第一周就给学生定下感情基调：我要打造一个像家一样的班级，每个同学都要相亲相爱，能够把自己的心安全地放在这个班里。

班主任对班级人际关系的态度非常重要，亮明态度就是表明立场，就是摆明带班理念，就是提出班级核心价值观。

我还会教学生如何建立和谐的人际关系。我给他们上各种人际交往课，手把手教学生如何与身边的同学建立友好的关系。当然，我也允许脾气不相投、性格不搭调的同学互不喜欢，但必须尊重对方所有该享有的权利，必须承认对方作为一个"人"的存在，必须保持对对方的基本礼貌。

　　对于破坏人际关系规则的学生，我必定对其行为"亮剑"。我会态度严肃、言辞铿锵、语气坚定地告诉这个破坏者：我坚决不接受你的行为！我要你立即、马上、迅速去给受伤害的同学道歉！我要看到你诚恳的态度，积极改正的行为，否则，我的班级没有你的容身之处！我这绝不是威胁，而是实话实说。大家都是人生父母养的，都是父母的心肝宝贝，凭什么要被你欺负？你凭什么可以在我的班级随意欺负同学？

　　道歉之后，受害者选择原谅或是不原谅，我无权要求，这完全取决于受害者自己的想法。不过，欺负人的学生接下来要被我约谈。这次约谈，我的态度会非常温和，我会教这位学生什么叫作同理心。此处不建议给学生讲概念，太抽象，学生听不懂。不如把现场还原，班主任亲自充当那个欺负人的学生，假装把这个学生修理一番，让学生自己谈被欺负的感受。很多事，只有自己亲自体验之后，才知道什么叫痛苦和羞辱，才会做到"己所不欲，勿施于人"。

　　我所带的班级，由于很重视学生之间的人际关系建设，因此学生之间的感情非常好。不论是线上还是线下，都没有霸凌现象，班级人际氛围很和谐。

四、保护弱势群体

一个班集体里究竟有没有弱势群体？当然可以忽略不见，假装没有。但不管班主任承认还是不承认，有人的地方就有"江湖"，就有不太平，就有强势和弱势之分。弱势群体在校园里就容易被欺负，进而演变成校园安全事故。那么哪些人是弱势群体呢？

（一）成绩弱势的学生

有些学生由于智力水平较低、基础薄弱、懒散拖拉造成成绩始终处在班级末端，因而变得自卑、胆小、颓废。即使被同学取笑、推搡、骚扰，他们也不敢发声。班主任要关注这些成绩暂时落后的学生，帮助他们找到健康的伙伴群，安排学优生给他们当师傅，利用课间、放学时段给他们补习功课。

（二）能力弱势的学生

有些学生做事能力较弱，在班上很不起眼，很容易被集体边缘化。班主任老师要关注这类学生，给他们找一些技术含量不高的工作，让他们为班级服务，给他们创造露脸的机会。比如，让他们负责班级资料复印，班上的电灯、空调、饮水机的管理，以及教学电脑、图书管理等工作。只要这些学生经常为班级做事，即使他们各方面不起眼，也不妨碍他们被大家记住。这会提升他们的存在感，培养他们的自信心。被别人欺负时，他们才敢反抗。

（三）性格弱势的学生

我承认，现在的学生大多性格强势，到哪儿都不怕被欺负，但也有少数学生天生懦弱。对于这类学生，班主任只需站在这些学生背后，帮助他们挡住"暗箭"即可。

班级弱势群体被班主任护住了，平安也就护住了。

五、维受害者之利

当校园安全故事发生之后，班主任要第一时间检查受害者的伤情，抚慰受害者的心情，然后分别向校医（严重的要打120）、安全办主任、学生家长汇报。班主任在做这些事情时，一定要站在受害者的立场，千万不可以寻找各种理由为自己开脱。如果需要道歉，做到两点就好。一是客观陈述事实，二是真诚表达歉意。千万不要做过多解释，因为这个时候家长的情绪不稳定，所有的客观解释听起来都像是在推卸责任，更容易让他们火冒三丈，丧失理智。当他们只释放情绪，不表达观点时，事情就会变得不可收拾。由于校园安全事故种类繁多，拙文很难做到面面俱到。在此我向各位读者推荐雷思明老师的《校园安全制度手册》一书，有了它，各类校园事故问题就会迎刃而解。

六、遵法律之规

2020年10月17日，《中华人民共和国未成年人保护法》由第十三届全国人民代表大会常务委员会第二十二次会议修订通过，自2021年6月1日起施行。请各位班主任抽空下载阅读，尤其是第三章"学校保护"，要作为重点内容进行研读，切实做好校园安全工作，加强对未成年人的保护。

2019年，教育部等五部门发布了《关于完善安全事故处理机制 维护学校教育教学秩序的意见》，该《意见》重点阐述了如何依法处理学校安全事故纠纷。班主任在处理学校安全事故时，可以结合实际情况，参照该《意见》执行，这样既不缺失人情味，也不丧失法律底线，让大家都服气。

班主任只是一个小班级的领头人，操不了学校领导的心，也解决不了一个学校的安全问题，但是作为长期驻守班级的领头人，班主任有义务、有责任把自己的学生保护好。

第四章

如何与家长
有效沟通

如何让家长积极配合班主任工作

　　教师从读书到教书，一直都在学校里生活。读书时与同学和老师交往，除去学习就是玩耍，生活非常单纯，看到的、学到的，都是"应然"现象。教书时与学生和同事交往，除去教书育人，就是宅家休息，生活也很单纯，脑子里装的多数也是"应然"现象。简单点说，教师在学校与学生待得太久，教材读得太熟，就变得天真了。而真实的社会，比老师想象的更为光怪陆离。家长，就在真实的社会中百炼成钢。因此，教师，尤其是班主任，一定要把家长变成自己的得力帮手、背后参谋。

　　那么，怎样才能让家长积极配合班主任的工作呢？根据我多年的工作经验，我为大家提供六个有效的策略。

一、让家长认识到配合班主任工作的重要性

　　我经常给家长提这样一个问题：环顾自己家中，有哪些

东西可以忍痛割爱？生活窘迫了，金银首饰可卖，股票基金可抛，甚至房产也可拿去交易，唯独自己的孩子，别人拿真金白银、豪宅华服都换不走！为何？因为孩子是一个家庭的无价之宝啊！既然是家中的无价之宝，岂能轻易交给一个陌生人！既然交给了陌生人，那就得对这个陌生人给予最大的信任。

事实上，很多家长急切地把家里的无价之宝交给了陌生人，并希望陌生人将他的孩子教得人见人爱、花见花开。这其实是家长的一厢情愿。即使陌生人真的本事通天，也不能在短时间内把几十个孩子教好。因为这个陌生人，也就是孩子的老师，他根本不了解孩子的性格、学力、执行力、意志力等，也不了解家长对孩子的期望值以及教育观。大家都在盲人摸象，怎能把孩子教好呢？

我提这个问题的目的是要告诉所有家长：家长主动配合教师，尤其是班主任的工作特别重要。家长最好能够主动告诉班主任自家孩子的性格特点、学习能力、交际能力，以及生活与行为习惯，还有自己对孩子的期待，为了孩子的成长做出了何等程度的努力……这样做的目的是及时有效地协助班主任准确地判断学生的行为，敏锐地觉察到学生的情绪，从而为学生量身定制成长计划。

家长主动配合班主任完成一些看起来没有意义，实际上又非常重要的事情，一定会让班主任心生感激。比如班主任深更半夜接到紧急通知，要求家长填报学生个人信息，为打新冠疫苗做准备。家长及时地配合班主任完成了这个任务，班主任未必会把感激挂在嘴上，但一定会回报在学生身上。有个心怀感激、高度负责的班主任天天在学校守着孩子，家长还担心什么呢？

这些话不高端，也不雅致，但真实、接地气，家长爱听。他们从这些朴素的真话里明白了配合班主任工作的重要性。

二、让家长感受到班主任的热情与责任感

有一次，我曾经的一位学生家长与我聊天。她说，她的二宝初中上的是附近一所新学校，这所学校安排了不少刚入职的老师做班主任。最开始，很多家长都看不起这些刚入职的班主任，认为他们没有工作经验，带班全凭感觉，肯定带不好。加上他们未婚未育，没有经历生娃的痛苦和养娃的辛苦，很难与家长共情，对学生肯定爱不起来。还有，这些年轻班主任都是95后，是被捧着长大的一代人，优越感和边界感都很强，肯定很难相处。于是，很多家长对班主任不抱希望，只想着等孩子读完本学期就赶紧想办法转学或者转班。

家长用了3个"肯定"，笃定这些班主任不专业、不靠谱，何谈配合？但是，事情很快就发生了转机。这位家长说，虽然大家都觉得这几个新入职的班主任在经验上确实比不上老班主任，但他们不论是在工作态度上，还是在工作方法上，抑或是在工作的过程中，都向家长传达出了高度的热情和责任感，把家长愣是感动了。于是，家长主动配合班主任把班级的安全类作业、学生的家庭作业，以及其他家校合作的诸多事宜都做得妥妥当当。

我问她，这些班主任是怎样传达出他们的工作热情呢？家长们又是怎样感受到的呢？家长说，首先是班主任对家长很热情。不论是打电话咨询，还是进到学校当面拜访，甚至是深夜有急事发信息求助，家长都没有受到冷遇。班主任热情积极地做出回应，帮家长找原因、想对策。在QQ群或者微信群里，家长向老师询问孩子的表现，班主任都及时且详细地做了回复，甚至还有另外的建议。家长请班主任给孩子带口信，或者是孩子身体不舒服，请老师多关注，班主任也是立即答应，并付诸了行动。其次是班主任对学生充满了热情。学生合理的需求，班主任都能及时满足。学生出现了问题，班主任也能及时反馈并提出改进意见。学生进步了，班主任会及时点赞和奖励，甚至还会对家长进行表扬。学生退步了，班主任也会及时帮学生找原因，为学生找回信心。家长不仅感受到了班主任的热情，更感受到了班主任强烈的责任感。

　　于是，家长们就放下了戒心，非常信任这些班主任，不管班主任安排什么事情都积极配合完成。那位家长说："我们知道年轻班主任没有经验，谁没年轻过呢？经验的累积就是时间的沉淀。但我们愿意把自己的娃给这些年轻班主任练手，虽然他们在很多方面确实比不上资深的班主任，但他们时时处处向家长释放出'我很热情，我很努力，我很有办法！'，这就够了！"

　　这位家长很有洞察力。在此我也提醒所有同行，千万别小看我们的家长。我做了几十年班主任，经历与阅历都相当丰富，但我在家长那里也得释放出我的热情与责任感。否则，家长便会认为我托大，倚老卖老，我与家长之间的"鸿沟"就会越来越深，他们便不会信任我，更不会配合我。

三、让家长感受到班主任对其孩子的关心

家长把孩子送到学校来，最想要的是什么？一是希望自己的孩子在学校里能学到知识，考出优异的成绩。二是希望自己的孩子在学校里能有归属感和安全感，不被老师无端训斥，也不被同学恶意欺负，孩子能在校园里快乐地学习与生活。

家长的想法当然是没错的。他们的诉求也正是教师的职业追求。家长如果感受不到班主任对其孩子的关心，又怎么能心甘情愿地配合班主任的工作呢？这于他们而言，岂不是配合着老师来整治自己的孩子吗？那么班主任需要从哪些方面去关心学生呢？

首先是关心学生的身体。在我的教育理念里，身体第一，快乐第二，独特第三，做人第四，学习第五。学生正是长身体的时候，很需要班主任的关心，但这个关心并非简单的嘘寒问暖，而是要上升到对学生长远发展的关心上来。比如早晨，要提醒学生吃鸡蛋喝牛奶，允许学生带零食来教室以便课间补充能量。但零食必须有范围限定，可乐、奶茶、辣条等对身体不够友好的食物，不允许带。面包、牛奶、水果等对身体有利的食物，带到教室课间享用，我没有异议。再如大课间，必须要去操场跑步，一是练体能，二是练身材。我对学生的体重和身材管理很上心。在

我看来，把自己养成一个200斤的胖子，是对自己的不负责；把自己懒出一个水桶腰，是对自己的伤害。所以，大课间，我亲自带着他们，吆喝着"抬头、挺胸、吸气、收腰、提臀，跑跑跑，跑出好身材！"。我还要求学生进行球类运动，尤其是篮球，男孩有空一定要奔跑在篮球场上。女孩喜欢打篮球，我也支持。青少年时期，正是长个子的时候，篮球场上的奔跑，投球时候的弹跳，都有利于长高。

其次是关心学生的人际交往。我一直认为，学生来到学校，在学习之余，交友也很重要。人最受不住孤独的侵袭，所以必须要拥有友情。可是很多学生并不懂得如何与身边的同学建立友好的关系，即使建立了关系，也很容易遭到破坏。于是，我主动出击，为学生创建和谐的班级氛围。我会给学生开设人际交往课程，比如"点滴在心的交往艺术""你不可不知的交友秘诀"等，这些课程上下来，学生就学会了如何交友，如何维护已有的友情。

最后是关心学生的学业。谁都不敢放下成绩妄谈其他。作为班主任，除了把自己的教学工作做好，我也很关注学生其他学科的成绩。我会与科任老师处理好关系，平衡好各学科的作业时间，分析学生的弱势学科与强势学科，思考如何进行培优提高。我会及时鼓励进步的学生，及时帮助落后的学生。这些工作，做与不做，家长都看得到。老师是不是关心他的孩子，家长心知肚明。只要班主任真心实意地对学生好，家长自然会感念班主任的良苦用心，从而自觉配合班主任的工作。

四、让家长感受到自己被班主任需要

很多时候家长不配合班主任的工作，并非他们想当甩手掌柜，而是他们根本不知道该如何去配合班主任。他们总觉得班主任根本不需要自己。哪种班主任不需要家长的配合？能力通天、精力过剩的，或者是不负责任的。事实上，哪有这样的班主任呢？班主任总归是个人，总会需要他人的帮助，尤其是家长的帮助。但是，班主任得让家长感觉到他们是被需要的，是能够为班主任排忧解难的，这样家长才会配合。那么，怎样才能让家长感受到自己被需要呢？这就要由班主任向家长发出信号了。

信号一，我对你的孩子了解不够全面，为避免做出错误判断，我需要你知无不言，言无不尽，把孩子的相关信息填报完整。

信号二，安全重于泰山。防溺水，防火灾，防垮塌，防地震，防触电，防毒品……各种"防"不胜防，为了孩子健康必须防，可班主任的个人力量很有限，所以需要各位家长配合学校安全办的要求，及时登录安全教育平台，与孩子一起学习相关安全知识，并一起完成安全作业。

如果家长能把安全问题解决了，老师就可以花更多时间备课、评阅作业以及跟学生谈心、开发班本课程，做更多有利于学生全面发展的事情。相反，如果家长甩手不干，事无巨细都要班主任操心，那么，班主任的时间被无限抢占后，他们就没有太多精力把课上好，把学生的思想工作做好。这就因小失大了，从长远利益来讲，不划算。

信号三，提升学生学业成绩，除课堂上认真听课外，就是课下的作业练习了。由于科目繁多，课堂时间有限，因而大多数作业都要在课外时间完成。孩子在家写作业，写得如何，班主任鞭长莫及，因此需要家长费心监管。

班主任不断地向家长释放"非你莫属"的信号，家长就知道自己在孩子成长过程中该扮演何种角色，就会配合班主任完成相关任务。

五、让家长看到自己的孩子在不断进步

很多家长会拿自己所做的事情来衡量自家孩子是否进步。孩子进步了，他们觉得自己的付出有所值；孩子没进步，他们就会觉得配合班主任工作没什么作用，积极性就会减退。那么家长最想看到孩子哪些方面的进步呢？

一是成绩相对以前有所提升。

二是习惯相较以前有所好转。

三是性格相较以前更为开朗。

四是交友能力比以前有所提高。

五是待人接物比以前更有礼貌。

总之，家长会拿孩子以前与现今的表现进行比较，如果他们明显感觉到孩子朝自己喜欢的方向发展，家长的积极性就会提高，配合度也会更高。

六、让家长感受到班主任的亲和力

我有个同事向我吐槽，说她最怕接到她孩子的班主任的电话，一看到来电显示是孩子的班主任，她就会手心冒汗、全身发抖。等战战兢兢接了电话，她也只是心慌气短地听着。班主任叽里呱啦讲完了，她一句也没听懂，遑论配合？

我问她："你自己不也是教师吗？干吗做了家长就这么怂呢？"我同事说："我不论是教师，还是家长，对于这种攻击性特别强的人都会害怕。我若与其见面谈吧，这位班主任冷若冰霜，我看着就怕，气势上便输了，只想着赶紧找个理由逃走。我若接这位班主任的电话吧，她一个人叽里呱啦地讲个不停，根本没有给我留任何插话的余地。几番交谈下来，我脑袋都疼了，几个月都不想见到与她有关的信息。"

我这位同事是语文老师，擅长描述。她说得可能有些夸张，但我可以确定，这位班主任缺乏亲和力，所以家长害怕她，从而回避她，所谓的配合也就无从谈起。

班主任与家长的关系绝非猫和老鼠，也非路人甲与路人乙。班主任与家长是合伙人，双方均投资时间和精力的成本，都希望自己手中的"产品"（学生）健康成长，从而老师获得成就感，学生收获美好前途，家长获得安全感，皆大欢喜。只有家长和老师相互配合，才能让家校共育的效果最大化。

班主任作为这场教育博弈的关键人物，要主动释放出最大的善意和诚意，让家长能真切地感受到班主任时时处处都在为学生的成长奠基和铺路。如果家长能感受到班主任的亲和力，觉得与班主任相处是一件轻松愉快的事情，那么他们就能轻松自如地走近班主任，主动揽事，全心全意地配合班主任把工作干好。

开学之际，如何与家长进行有效沟通

　　每到开学季，全国各地的家长心情就格外统一。翻看他们的朋友圈，幸福感简直能顺着汉字的点、横、撇、捺流出来。不信？请看家长们的朋友圈：

　　"普天同庆，喜迎开学，感觉只有神兽们开学了，世界才像是正常的。"

　　"神兽归笼，老母亲笑出鹅叫！"

　　"喜大普奔，明天开学了，神兽要回笼了，家里终于可以清静了。"

　　"盼星星，盼月亮，终于盼到了开学的好消息，神兽们终于要回笼了！"

　　"望穿秋水，终于开学了，有一种把神兽打包邮寄出去的既视感。"

　　家长们喜出望外，觉得把"神兽"扔到学校就可以长嘘一口气了。班主任却要忍住一口气，喜洋洋地与家长办好交接仪式，将学生迎进教室，让其安心学习，努力生长。那么，班主任在与家长办交接时，如何与家长沟通才有效呢？

一、明确沟通的目的

既然是喜迎学生开学，那么班主任所说的话就必须助力开学，达到以下三个目的：

第一，帮助学生消除假期综合征，让学生高高兴兴地来上学。

第二，协助家长检查孩子作业，调整好孩子的作息时间。

第三，配合科任老师开展各项检查工作，让科任老师开开心心地开学。

明白沟通目的后，班主任还要弄清楚以下三个问题：

一是学生怎样才会不高兴？

二是家长怎样才会有不满？

三是老师怎样才会不开心？

在通常情况下，学生不高兴是因为作业没写完。报名时没有完成作业会被老师为难，可他们内心又不想写作业。主观上不想写，客观上又逃不掉，他们内心纠结，哪高兴得起来？

家长的不满表现在哪里呢？可能就是孩子没有写完假期作业，班主任不仅为难孩子，也连带为难家长。如果孩子不能顺利报名注册的话，那么家长心里难免生出老师是有意针对的想法。

老师的不开心主要表现在哪里呢？最大的可能就是学生假

期作业没写完，甚至都没动笔，家长竟然还不督促，真是太生气了！

鉴于上述可能存在的问题，班主任就一定要在开学前一周温馨提醒家长，并给家长提供有效的建议。

1. 做好时间管理：晚上何时就寝？早上何时起床？中午何时午睡？

学生的作息时间要根据学校的作息时间表以及学生所处的年龄段来调整。比如我的学生暑假过后就要读八年级了，年龄普遍在13～14岁，从科学角度来说，他们应该睡7～8个小时。我所在学校的作息时间安排是早晨7点30分早读，12点10分放学；下午2点15分上课，5点30分放学，多数学生还要参加放学后40分钟的延时服务课。

基于学生的年龄和学校的作息时间安排，我建议家长督促孩子晚上10点30分必须就寝，早晨6点30分必须起床。中午按上学时间用餐，餐毕午睡30分钟。

2. 做好文具管理：列出清单，让家长与孩子一起购买相关文具。

作为中学班主任，我不列这份清单也不会给我的工作带来麻烦。我之所以建议班主任列个清单，纯粹是从培养感情的角度考虑，让家长看到班主任的诚意，为后面的有效沟通打下良好的基础。我建议家长与孩子一起购买文具，也是希望家长能参与到孩子的成长过程中来，与孩子保持较为亲近的亲子关系。

3. 做好着装管理：找出校服、礼服、皮鞋、运动鞋（小学、初一的学生还有红领巾）。

千万别认为这是一件无足轻重的事情，如果没做好，就会变成一件特别丢脸的事情。我曾经见过开学典礼上，学生忘穿礼服被班主任大声呵斥，而且委屈得当众大声辩解，导致开学典礼中止的场面。更多的尴尬则是学生穿出来的礼服要么太小，把身体勒出层层滚肉；要么太皱，把清纯可人的学生变成了邋遢大王。班主任若能在开学前一周就提醒家长：如果孩子长高了，校服太短了，就要买新校服；礼服要是有脏污褶皱，就要洗净熨烫平整；皮鞋、运动鞋裂了口就要购买尺码合适的新鞋。这样做下来，上述尴尬均可避免。

二、开学前班主任可能遇到的障碍

1. 学生假期作业没写完。
2. 学生假期生物钟混乱可能会影响开学后的作息。
3. 假期亲子关系交恶影响孩子入学情绪。
4. 家长不关注班主任在班级群的信息通知。
5. 家长对孩子的作业不监督、不过问。

三、班主任为解决问题需要做的努力

班主任除了在开学前一周做好各项提醒工作，还需要根据学生可能出现的情况与家长进行有效的沟通，力争把问题消除在学生进教室之前。

有效的沟通包括四个步骤：

第一步，客观陈述事实：事情是怎么发生的就怎么陈述，千万不要对家长和学生的行为进行价值判断。

第二步，客观陈述感受：自己是什么感受就表达什么感受，只陈述自己的感受，切忌对家长的感受进行揣测。

第三步，表达自身需要：把自己正当的需要准确地告知他人，以便他人做出准确地回应。

第四步，提出合理请求：不对他人讲道理，也不给笼统的说法，而是给予可操作、可实现的建议。

如果与家长的沟通，是让他们配合做某些工作，那这样的沟通就属于单向沟通，我说，家长听，主动权在我手里。只要我按照这四个步骤说下去，就不会出现什么沟通障碍。如果是家校双向沟通，我该怎么说、怎么做才有效呢？下面，我用具体的案例来阐述我的说法和做法。

"钟老师，我家那个丫头啊，每天抱着手机不放。一叫她写作业她就冲进卧室，然后锁上门，还发脾气。假期都快结束了，作业才写一点点，我都快烦死了，请问您，我该怎么办啊？"

突然接到家长的求助，我该怎样跟家长说呢？事情的真相没有搞清楚之前，暂时什么都不要说。我先与孩子沟通，了解孩子玩游戏的瘾有多大，为什么要对妈妈发脾气，假期作业究竟写了多少。

我从学生那里了解到的信息是：孩子的确玩了游戏，但也不是每一次拿着手机都在玩游戏，有时是看视频、聊天，有时是查询一下题目。至于为何对妈妈发脾气，是因为妈妈对孩子的行为总是一票否决，总拿孩子与班上的第一名同学对比，这让孩子心烦，孩子忍不住就发脾气了。更重要的一个原因是，妈妈自己手机不离手，有时还大声放抖音视频，对孩子学习干扰特别大。孩子的假期作业虽然没有做完，但也做得差不多了，并不是像妈妈所说的那样才写一点点。

情况搞清楚了，我该如何给孩子的妈妈支招呢？值得注意的是，给妈妈支招，是以解决问题为主，而不是对家长和学生的行为进行评价。

首先，用同理心与妈妈共情。

第一，接受妈妈的观点，决不对妈妈的观点进行评价与价值判断。

第二，觉察妈妈的情绪，看到她的焦虑，并告诉她，老师能懂得她内心的担忧。

第三，表示与妈妈感同身受。

其次，向妈妈提一些小建议。

据我了解，女儿之所以一听到妈妈叫她写作业就生气，是因为她认为妈妈的手机瘾比她还大，没资格管她。因此，妈妈若想管住玩手机的女儿，就必须要控制自己玩手机的时间。我建议妈妈与女儿一起商量双方每天玩手机的时间，互相监督，互相管理。女儿不玩，妈妈就不玩，至少不可以让女儿看到妈妈在玩。

最后，教会妈妈用非暴力沟通的技巧与孩子说话。

孩子为何对妈妈发脾气，因为妈妈的话里有暴力，这个暴力就是：道德评价、不合理比较、强人所难。

非暴力沟通的四个要素是观察、感受、需要、请求。

非暴力沟通的要素虽然弄清了，但放到具体的语境里，妈妈未必会说得清楚。因此，班主任还要指导妈妈该怎样分步"说"。

第一步：女儿，最近你玩手机的次数有些多，时间也增加了。（不带评论地观察）

第二步：妈妈看到你玩手机，好心焦啊，我怕你作业没写完被老师批评，考试成绩下降考不上高中。（陈述自己的感受）

第三步：妈妈好想你考上高中，读大学，在大学里去享受你的青春啊！（表达自己的需要）

第四步：女儿，从现在开始，咱们一起来约定玩手机的时间，好吗？我知道这个挑战很难，我陪你，好不好？（提出合理的请求）

有些家长会觉得这样跟孩子说话怪怪的，感觉自己很难说出口。这时，班主任就要劝慰家长坚持使用非暴力沟通的方式。只要多加练习，家长就能运用自如，亲子关系就会得到改善。

四、针对开学之初可能出现的不愉快事情，班主任需要采取的应急措施

1. 学生的假期作业确实没写完

针对此情况，班主任大可不必大发雷霆，而是要温和而坚定地告诉学生，老师会在入学后安排时间让大家把作业补完，不会影响每一个人入学。班主任千万别为难家长，别拍图发家长群，更别在家长群里指名批评或阴阳怪气地说气话。

2. 家长对班主任的各种建议确实不予理会

对于家长的此种行为，班主任不必介怀，不涉及根本的忽略即可，能够代劳的就代劳，不过要私信给家长，并告诉他："由于事出紧急，估计你没看到信息，我就帮你把这件事情处理了，请你下次一定要记得哦！祝你愉快！"

既然家长对班主任的各种建议不予理会，那班主任就与相关学生保持畅通的联系。既然家长靠不住，那班主任就把注意力转移到学生那里，改变学生可比改变家长容易多了。

五、织出一张美丽的家校共育网

开学的目的就是让学生回到学校努力学习、快乐成长。为达到教师和家长双方共同的目的，班主任有必要给家长做好心理建设，为家长织出一张美丽的家校共育网。这张网里起码要有下面3根网线撑着。

1. 让家长放心：孩子一定有书读。

这是班主任最基本的态度。家长们好不容易等到"神兽"回笼，班主任却要各种为难，不论是从情理上还是法理上，家长都难以接受。

2. 让家长用心：80%的优秀孩子都是"鸡"出来的！

班里的学生固然有一部分是天资聪颖的，但大多数优秀者都是靠勤奋和坚持练就的。因此，班主任要给家长打气，鼓励家长无论在何时都不要放弃自己的孩子，相信适当"鸡"娃，娃会更优秀。

3. 让家长铁（贴）心：跟着班主任干，孩子一定会更好！

要想让家长对班主任抱有如此信心，得靠班主任真诚的态度以及有效的策略。具体怎么做，我相信稍有经验的班主任都很清楚。

总之，开学是初始，是大事。班主任一定要认真对待，要有仪式感，要皆大欢喜，切不可让孩子伤心、家长闹心。

临近暑假，该如何开家长会

我们先思考一个问题：暑假将至，这个家长会有没有必要开？

我个人觉得还是很有必要。毕竟"神兽"出笼，老师鞭长莫及把控不了，家长无从下手管束不了。班主任借机开一场家长会，给家长指明方向，也给新学期做个铺垫，这是一场双赢的会议，值得开。

我们再想一想这个家长会何时开。

按我以往的经验，期末考试前一周开比较合适。期末考试是件大事，考前需要做很多准备工作，有家长的积极介入，孩子们会考得更理想一些。当然，也可以把家长会放到散学典礼上来开。孩子与家长同堂，开完会，家长带着孩子欢欢喜喜把家还。但我有些担心，万一孩子考得不好，家长脸上挂不住，当场暴怒咋办？

其实，开不开这个期末家长会，何时开，以什么形式开

（线上、线下、公开信、群公告），都没有规定，班主任自己考量即可。只要能达到助力家长、教育学生的效果，怎么做都可以。"教学有法，但无定法"嘛。

下面，我想说说，如果这个期末家长会由我来开，那么我会在家长会上说哪些事。下面是我的发言稿：

一、关于期末考试

我坚信，不管多么佛系的家长，都希望自己的孩子能在期末考试中考出好成绩。这个想法一点都没错，如果家长对孩子都没有期待，那孩子对自己就更没期待了。但是，班主任也要真诚地提醒家长，就算孩子们努力了，也未必就一定会考出优异的成绩，因为影响考试的因素实在太复杂了。比如考前的身体状态、考试当天的天气、心情、考试题目的难度等都会影响到孩子们的成绩。

所以，在这里我给家长提三点建议：

第一，在孩子考试前，家长应少说多做。比如家长可以默默地为孩子准备早餐，悄悄地给孩子加餐，下班早点回家把家里收拾得井井有条。家长千万别一边做一边说："我累死累活不都是为了你吗？"孩子听了这话，不仅不会感激父母，还会心生不满，甚至叛逆。

第二，孩子考试时，父母当然要重视，但不要表现得太明显。比如餐桌上突然加了几个硬菜，卧室里突然摆放了一件礼物，说话语气突然变得温柔，这种变化孩子会感到别扭，甚至觉得可笑，他们会认为父母的爱很势利。所以建议父母平时怎样，孩子考试时就怎样。如果一定要注意的话，就要竭力避免这些语言：你考得如何啊？题目难不难啊？你能不能考年级前10名啊？你能否把班上那个最厉害的××打败啊？

第三，考试结束后，无论孩子考出什么样的分数，家长都要先心平气和地接受。如果孩子的情绪显得非常低落，那就简单安慰几句："要不咱们先把这事放一放，过几天咱们再来找原因。我相信，只要咱们找到原因，对症下药，一定会有进步的。"如果孩子像没事人一般，家长也不要心生怨气，认为孩子自甘沉沦。孩子情绪稳定，心态阳光，后续战斗力才强，这是好事。人这一辈子还是挺长的，咱们不比一时，比十年、二十年。咱们还可以比学习以外的事情，总有机会胜出的。

一句话，孩子是自己的，好赖都要接着。他们目前成绩的好与差，都不应该成为父母爱与不爱的理由。

二、关于时间安排

班主任要制作一个时间表，将期末考试时间、散学典礼时间、放假时间、新学期报名注册时间，全部清楚无误地标出来，发给每位家长。班主任还要提醒家长根据学校的时间安排规划好自己和孩子的时间，以免时间信息不对称造成工作和学习上的失误。下面我就以我所在学校的时间安排来做个示范：

（一）考试时间安排：略。

（二）散学典礼时间：2021年7月9日上午8:00—10:00。

（建议孩子们7点20分到班，散学典礼前可以搞搞卫生，聊聊天，发放暑假作业。）

（三）正式放假时间：按照深圳市教育局下发的校历表，深圳市中小学正式放假时间是7月11日。

（四）新学期开学时间：报名注册时间是8月31日早上8点。请提醒孩子带齐各科作业，于8月31日上午8点到初中部一栋四楼八年级一班教室，找钟老师报名注册。

每一项时间都安排得清清楚楚，让家长做到心中有数，那么在重要的时间节点上就不会出错。

三、关于假期作业

至于假期作业，除了《暑假生活》这本作业会在考试之前发放，其余学科作业都会在散学典礼上发放。每一门学科的作业，都会详细列出，由级长统一编辑，印发给全年级学生，班主任也会在散学典礼上协助学生装订成册。因此，作业绝不会出现漏发、错发、不发的现象。班主任要请家长在假期里认真督促孩子，检查他们的作业完成情况。

四、关于暑期计划

讲完上述三点，班主任就要跟家长谈谈假期时间如何安排这件事了。我在此温馨提醒各位班主任，千万别觉得"神兽"回家了，有父母管着，自己就可以与他们"失联"了。

假期里，家长当然要承担管束孩子的责任，但怎么管，很多家长还是蒙的。因此，班主任一定要给予家长一些积极的建议。

不知老师们有没有察觉到，夏天学生长得特别快，尤其是进入青春期的孩子，暑假就是长个子的最佳时期。

班主任可以像我下文这样说。

各位家长：假期的前三天，可以让孩子恣意潇洒一下，毕竟辛苦了一个学期，也该让他们放松一下了。孩子与同伴去麦当劳吃个"销魂半鸡"还是要支持的，拿出手机，发个红包过去，让孩子开心到飞起。孩子要与同学组队打几个小时游戏，也不要反对，让他们任性一回。孩子要与伙伴去球场玩个半天，爱去就去，不用拦着。孩子晚上要熬夜追个剧，行行行，爱追就追呗。

但是，三天过后，就要帮助孩子收起任性和散漫了。家长要让孩子拿出笔记本，做个详细的暑期成长计划。这个计划一定要包括暑期作业、睡觉和起床时间、运动、做家务、做义工、研学旅行等。

（一）暑期作业完成计划

作业完成计划中必须写明科目、作业量以及写作业的时长。建议让孩子专门用一个任务本子，把各科作业任务都细化成小项目写在上面，完成一个任务就打一个钩，最后还要把完成的作业分科夹到成果栏里。

（二）暑期睡眠计划

2021年，教育部发布了《关于进一步加强中小学生睡眠管理工作的通知》。通知明确提出：小学生每天睡眠时间应达到10小时，初中生应达到9小时，高中生应达到8小时。……小学生就寝时间一般不晚于21:20，初中生一般不晚于22:00，高中生一般不晚于23:00。

放暑假了，孩子不用早起，晚上稍晚一点睡觉也没关系，但不能晚于23点。暑期睡眠充足，身体会大量分泌生长激素，有利于促进孩子长高。家长要明确告诉孩子，若想长得高，就要睡得饱。但是，我不赞同让孩子睡到第二天10点才起床，建议早上8点必须让孩子起床。医生说，睡眠时间过多时，各神经中枢长时间处于抑制状态，兴奋性降低，加上肌肉、关节活动少，因而从血液得到的氧和养分也少，肌肉就会变得松弛无力，体力也会削弱。人醒后还是会觉得头昏、精力减退。

五、假期育人活动

作为老师，我由衷希望每个孩子都能睡到自然醒，想吃吃、想玩玩，开心就好，度过一个快乐的青少年时期。但我们也需要想得更远一些。现在我们不遗余力地给孩子一个宽松、快乐的青少年时期，请问，今后谁会给他们一个宽松、快乐、无忧的中年？他们产生中年危机时该怎么办？所以，无论我们多么舍不得孩子吃苦遭罪，都需要对孩子进行适当的成年人技能训练，为他们进入社会做好充分的准备。面对50天长假，班主任可以建议家长在家里开展哪些育人活动呢？

（一）要求孩子做家务

我为什么要把做家务排在第一位呢？因为做家务不仅能培养孩子的责任感，还能激发孩子对家庭、对父母的热爱。孩子能洗衣做饭、打扫房间、清理书桌，能帮助父母看护弟弟妹妹，能独自解决生活中的各种难题，等他长大了，无论他走多远，父母都不用担心他被生活抛弃。再说了，从小就学会做家务的孩子，家庭生活会更幸福。就我自己的孩子来说，五六岁我就让他在夏天洗碗，洗自己的袜子和内裤；七八岁就要他学会做饭、洗衣、扫地；14岁时，他就可以下厨炒菜招待客人了。在疫情居家隔离期间，他一人独居一隅，既要上网课完成学业，又要自己买菜做饭，日子过得充实自在。那段时间他不仅没饿着，还把自己养胖了，厨艺也练得很精湛。这一生不管他漂泊到哪里，我都不用担心，他一定会把自己照顾得很好，并且还能把身边的亲人、朋友照顾得很好。他未必会成为一个声名显赫的人，但他一定是个幸福快乐的人。

（二）要求孩子有个好身体

不论是作为老师，还是作为母亲，我都认为，孩子的身体健康应该是老师和家长的大事。那么，怎样才能让孩子的身体更健康呢？

首先是健康的饮食。

如果家庭条件允许的话，早餐，鸡蛋和牛奶是标配；中餐，牛肉和鱼是必配；晚餐，蔬菜和水果一定要有。小孩子都很喜欢喝可乐、奶茶，这些不是不可以喝，但要力劝孩子少喝。我记得少侠一班的孩子刚上初一时，可乐、奶茶简直就是他们的必备饮料，但我不支持，总是在他们耳朵边念叨喝可乐和奶茶的坏处，现在沉迷可乐与奶茶的孩子不是少了很多吗？油炸类食品也不是不可以吃，我本人也喜欢吃，但需要限量和限时。比如学校食堂每天都有炸鸡腿，我本人很好这一口，但我也不会天天吃，我一般是一周吃一次。身体已经比较胖的孩子，家长要提醒孩子健康饮食，加强锻炼。

虽然从理性的角度来讲，胖瘦都无所谓，孩子都应该被爱、被肯定，但事实上，过于肥胖的孩子，真的有诸多麻烦。一是行动不利索，体育课上难有亮点。二是影响体育成绩，跑步跑不动，做引体向上或者仰卧起坐都不占优势。三是影响颜值。小学生对颜值或许还不太在意，但是上了初中，无论男女，都很在意自己的颜值了。颜值高的孩子，哪怕很多方面不如人，自信心也爆棚。我从来不会当着学生的面说谁长得好看，谁长得不好看。在我的眼里，我觉得现在的孩子长得都很好看，但是在孩子们的世界里，自有他们的评价标准。

其次是支持孩子运动。

假期里，班主任可以建议家长带着孩子去打球、骑车、跑步。如果家长实在没有时间陪孩子运动，就让孩子与小伙伴一起去运动。孩子出去运动，既能锻炼身体，又能提升社交能力，更为重要的是，他们可以摆脱对手机的依赖。我曾经看过一本书，书中说，孩子之所以手机成瘾，是因为孩子不善于建立关系，不能形成对人的依赖，只能去依赖手机。我也观察了

261

我班上几个特别沉迷游戏的男孩，他们确实不善于建立关系。在学校，他们的朋友圈很窄；在家里，跟父母的关系很差。在他们的认知世界里，这些人都没意思，只有玩游戏才能找到存在感，才能消除心里的烦恼。

（三）要求孩子去社区做义工

要想培养孩子对人群的善意和对社会的责任感，带着孩子去社区做义工是一个很好的举措。我小时候，经常被我妈要求去照顾院子里的独居老人。一个是我奶奶，另一个是我大伯母。我会帮她们洗衣服，帮我大伯母洗头，帮我奶奶梳头。我奶奶有头痛病，从不洗头，因此她的头皮就很容易发痒，她最享受的就是每天让我给她梳头。她们特别喜欢吃发酵的面饼，我就专门去学如何发面，如何做饼和烤饼。我做饼的手艺被她们到处传扬，我每天去照顾她们的事迹被她们到处讲述，因而我很小的时候就在我所居住的周边出名了。我小时候当然是为了获得表扬，才努力去照顾我的奶奶和大伯母，甚至可以说，为了取悦我奶奶，我才坚持不懈地去给她梳头。后来长大了，我不需要表扬了，也不需要取悦谁了，但我就是长成了一个古道热肠的人。

家长们可以为自己的孩子注册一个义工证，有空就带着孩子到社区、高铁站、医院等地方去帮助一些需要帮助的人，既可以扩大孩子的眼界，又可以培养孩子的亲社会行为。孩子懂得爱身边的人，爱这个社会，才会成长为一个健全的人。

（四）支持孩子去旅行

如果孩子假期想要出去旅行，条件允许的话，家长应该支持孩子出去见见世面。出去之前，让孩子选定旅行的目的地，然后通过一些旅行网查询票务和酒店信息，还可以通过社交平台找到值得去走走的景点。简单说，就是要求孩子做一份旅游攻略，要把旅途中各种可能出现的情况做个预设。如果家长和孩子都不会做旅游攻略，班主任可以给大家提供一些路径：去知乎网上查"旅游手账"，有网友会手把手教你如何做"旅游手账"；也可以去小红书和抖音上找，上面都能找到教人如何做旅游攻略的视频；就连孩子们喜欢闲逛的"B站"，上面也有很多"旅行日记"，为广大网友提供了很多可以去打卡的网红景点。

读万卷书，不如行万里路。这句话，我本人深有体会。这些年，我除了在学校教学，就是到处去讲学，走了很多地方，眼界确实开阔了很多。以前打死都记不住的地理知识，这些年在不停地走动中，竟然不知不觉地都记住了。

另外，班主任还可以号召家长在假期里与老师保持联系，及时把孩子的闪光点与在家的美好瞬间分享给老师。

有些孩子在暑假可能不按牌理出牌，把家里搞得鸡飞狗跳，把家长气得目瞪口呆，无奈之下，家长可以向老师发出求助信息。

这样的家长会开下来，既帮助家长指明了方向，又能促进学生成长，家校之间形成了教育合力，何乐而不为呢？

图书在版编目（CIP）数据

轻松带班：21招化解班主任工作难题 / 厉广海，钟杰著. —长沙：湖南人民出版社，2023.10

ISBN 978-7-5561-3063-4

Ⅰ．①轻… Ⅱ．①厉… ②钟… Ⅲ．①班主任工作 Ⅳ．G451.6

中国版本图书馆CIP数据核字（2022）第172822号

轻松带班：21招化解班主任工作难题

QINGSONG DAIBAN: 21 ZHAO HUAJIE BANZHUREN GONGZUO NANTI

著　者：厉广海　钟　杰

出版统筹：陈　实

监　制：傅钦伟

资源运营：湖南中教出版传媒有限公司

责任编辑：张玉洁

特邀编辑：鲁慧敏

产品经理：冯紫薇

责任校对：蔡娟娟

封面设计：刘　哲

出版发行：湖南人民出版社有限责任公司［http://www.hnppp.com］

地　址：长沙市营盘东路3号　　邮编：410005　　电话：0731-82683357

印　刷：长沙新湘诚印刷有限公司

版　次：2023年10月第1版　　　　　印　次：2023年10月第1次印刷

开　本：880 mm × 1230 mm　　1/32　　印　张：8.375

字　数：160千字

书　号：ISBN 978-7-5561-3063-4

定　价：52.00元

营销电话：0731-82221529（如发现印装质量问题请与出版社调换）